カラー版 そのまま使える!

介護記録の書き方&文例集

福祉と介護研究所 代表
梅沢佳裕 監修

西東社

はじめに

ご利用者一人ひとりの日々の様子を
きちんと記録するために

●　●　●

介護保険法が改正され、昨今では介護職にも、より専門的なサービス提供が求められるようになってきました。

介護保険は、ご利用者との契約に基づく社会保険の枠組みの一つとして実施されるため、どのような介護は行うことができて、どのような対応はできないかということが明確になっている必要があります。

しかし、実際の人の生活とは、その日の心境の変化によって生活内容も変わってくるなど、多少のあいまいさがあるものです。また、ご利用者一人ひとりに関わる介護では、事前の計画通りに実施するということが、ときとして融通がきかない対応になってしまうこともあると思います。

だからこそ、福祉専門職として関わる必要性がある介護職は、ご利用者の日々の様子や自らが行った業務内容を「記録」としてきちんと残しておく必要があります。記録しておかなければ、あとから何も確認することができなくなってしまうのです。

私は、介護施設の相談員や管理者の当時、職員の書いたさまざまな記録に関わってきました。また、現在にいたるまでコンサルタントとして数多くの介護施設におもむき、実際に書かれている介護記録も拝見して助言を行ってまいりました。「どうすれば介護記録を短時間で簡潔に書くことができるか」――これは多くの現場が抱える課題であると感じました。

しかし、この課題を抜本的に解決する方法はありません。PCやモバイル端末などの最先端技術の開発にはめざましいものがありますが、結局最後は関わった皆さんの言葉で書く必要があるのが介護記録なのです。

私はよく研修で「学ぶは、真似（マネ）ぶ」と話しております。よい記録の文章をちょっと拝借して、アレンジしながら自身の文章に変化させていく。それが、よい記録を書くための一つの近道だと考えています。この本から多くのよい記録が生まれてほしいと願ってやみません。

福祉と介護研究所
代表　梅沢 佳裕

もくじ

第2章 コツをつかめばすぐ書ける！ 介護記録の書き方 49～70

第3章 使える文例が必ず見つかる！ 場面別文例集 71～211

〈施設で〉

〈在宅で〉

〈トラブル〉

〈医療ケア〉

Column

付録

本書の使い方

本書は、第１章・第２章で介護記録を書く意味と、記録の種類や書き方のコツなどを解説し、第３章で実際に記録を書くときに使える文例を豊富に紹介しています。また、巻頭では監修の梅沢

巻頭　UMEさんの介護エピソード&そのまま使える表現集

実際に介護の現場で起こったエピソードをマンガで紹介！

左ページの場面に関連する表現を、項目別に多数紹介しています！

第3章　場面別文例集

具体的なよくない事例と、よい事例をあげ、改善すべきポイントを解説！

場面は「施設で」「在宅で」「トラブル」「医療ケア」と４つに大別して紹介！

まずは観察すべきポイントと、メモの例をチェック！

改善すべき点をマーカーで示し、改善例は数字で対応！

佳裕氏（UME さん）が実際に介護の現場で経験したエピソードをマンガにし、それらの場面を記録するときに使える表現をあげています。

基本文例では、基本的な文例を豊富に紹介。注意すべきポイントはマーカーで示し、解説を加えています！

基本文例は、観察ポイントごとに分類しています！

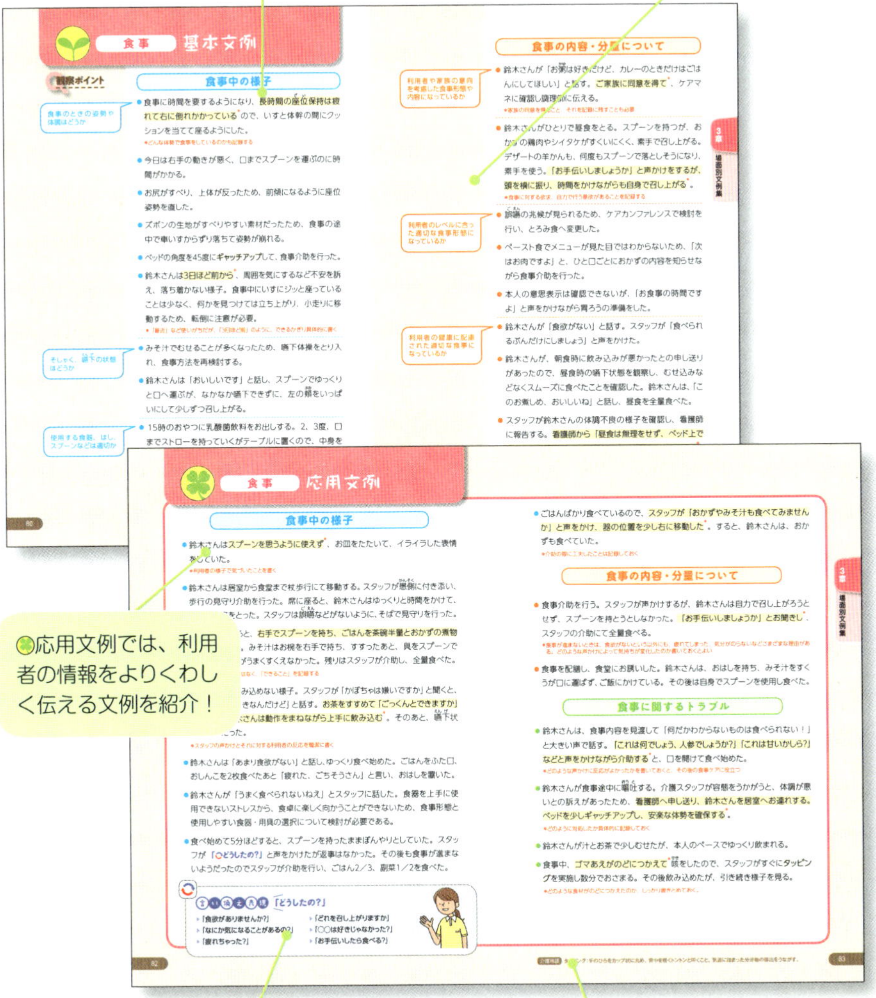

応用文例では、利用者の情報をよりくわしく伝える文例を紹介！

＝声かけの言い換え表現を紹介します

介護用語 ＝文例に使用した介護用語の解説です

UMEさんの介護エピソード 1

施設への送迎で

そのまま使える表現集

施設の送迎でお宅を訪問したとき、利用者の方の準備ができていなかったり、デイサービスへ行くことを忘れていたりすることもあります。そんなときは柔軟に対応できるといいですね。

介護記録では、送迎のときに感じとった利用者の様子を記しましょう。

気分がよい様子を表す表現

喜んで	元気に～して	積極的に～して
気持ちよさげに	熱心に～して	ウキウキして
いそいそとはりきって	威勢よく	嬉々として
調子がよさそう	上機嫌で	のびのびと
はしゃいで	イキイキと	やる気満々
覇気がある	上品な物腰で	活発に～して

気分が悪い様子を表す表現

活気がない	元気がない	心細そうな
しょんぼりとした	不機嫌そう	つまらなそうな
覇気がない	気分がすぐれない（晴れない）	薄気味悪そうに
眉をひそめて	落ち込んだ	イライラした
いら立たしげに	意気消沈した	気落ちした
がっかりした	ゆううつそうに	沈んだ
わずらわしそうに	ふさぎ込んで	だるそうに
怒りをおさえきれず	むっとして	悲しそうに

気分の変化を表す表現

目を丸くして驚いて	ほっとした	もの思いにふけっている
ぎょっとした	集中して考えている	気持ちが高ぶった
もの静かな	なごりおしそうな	落ち着かない
びっくりした	じれったそうな	何か言いたげな
うらやましそうに	恥ずかしそうに	放心状態
緊張した面持ち	ソワソワして	落ち着きを失い
飽きてしまい	身じろぎせず	不穏になって
あわてた様子で	決まり悪そうに	ばつが悪い
もどかしそうに	目を見張っている	まごついて

「～様子」が続く修飾語

ハツラツとした	心地よい	エネルギッシュな
打ち解けた	気力が充実した	くつろいだ
満足した	陽気な	意欲的な

UMEさんの介護エピソード 2

施設での食事

そのまま使える表現集

利用者に食事を楽しんでいただくために、どの施設でも工夫を凝らしていることでしょう。「食事をする」ということは、栄養をとるだけでなく、生きる意欲の源にもなりますよね。

食べ方や飲み込み方などは、支援するうえでとても重要です。注意深く観察して、ほかのスタッフにも伝わる適切な語句で表現しましょう。

食べ方に関する表現		
ごっくん（ごくり）と飲み込む	飲み込みがよい［↔悪い］	飲み込みに問題はない
進んで口に運ぶ	口を大きく開けて	そしゃく状態は良好［↔悪い］
食欲旺盛［↔不振］	テンポよく口に運ぶ	舌鼓を打つ
かじりつく	かぶりつく	一気に飲み干す
しゃぶりつく	舌の動きがよい［↔悪い］	味わっている
口いっぱいにほおばる	ぺろりと平らげる	唾液がよく出ている
トラブルがあったときの表現		
咳き込みがある	むせ返る	激しくむせ込む
丸呑みしている	むせてもだえ苦しむ	ときどき手が止まる
食事が進まない	食事に時間がかかる	口の中に食べ物をためている
口の右側［↔左側］から食べ物がこぼれる	誤嚥が起きる	おはしが持ちにくそう
なかなか飲み込まない	～に手をつけようとしない	食べ終わらないうちに席を立とうとする
食事前や食事後の様子に関する表現		
唾液腺マッサージをする	食事を楽しみにしている	嚥下体操に積極的に取り組む
空腹を感じて	胸焼けを訴え	
「おいしかった」と言う	満腹になった様子	「あまり食欲がない」と言う
物足りない様子	食べ過ぎている	もっと食べたい様子
「～食べる」が続く修飾語		
パクパク	モグモグ	モリモリ
ムシャムシャ	ガツガツ	ゆっくり
少しずつ	休み休み	おいしそうに
～をぱくりと	がぶりと	～だけを少量

UMEさんの介護エピソード 3

施設での入浴

そのまま使える表現集

入浴を心待ちにする日もあれば、おっくうな日もあるはず。利用者の気持ちに寄り添った介護を心がけながら、介護のプロとしての目で全身の状態を細かいところまでしっかり観察しましょう。

顔色観察に関する表現

血色がよい	健康的な	日に焼けている
ほてった	青白い	青黒い
青ざめている	唇に血の気がない	顔面蒼白
真っ赤な	赤みを帯びている	赤らむ
顔の～だけが赤い	紅潮している	目のまわりが赤い
頬が赤い	黄疸	茶褐色
紫色	どす黒い	黄色い
土気色	表情がない	表情がすぐれない
だるそうな顔	顔が腫れぼったい	顔がむくんでいる

皮膚の色や状態に関する表現

[色]

赤い	薄赤色・ピンク色	黒ずむ
白っぽい	青白い	茶褐色

[状態]

うっ血	荒れている	カサカサ（ガサガサ、ザラザラ）している（乾燥）
ボロボロしている	粉を吹いている	～の皮がむけている
ひび割れ	唇があつぼったく腫れている	黒い（黄色い、青い、赤い、紫色の）あざがある（内出血）
かぶれ	ブツブツ（発疹、湿疹、斑点）	～にむくみが見られる
かゆみ	あせも	しっとり（スベスベ、しっとり）している
あかぎれ	炎症	まめ
たこ	魚の目	ただれ
みみず腫れ	腫れ	汗でぐっしょり
べとつく	床ずれ	膿んでいる

爪の状態に関する表現

爪白癬がある	表面がデコボコ	最近よく二枚爪になる
縦線が目立つ	割れやすくなった	色がいつもより白っぽい（緑色、黄色、赤黒い、赤い、黒ずむ）
横シワがある	巻き爪	白い点がある
ささくれがある	爪が反ってきた	三日月（爪半月）が減ってきた

入浴時の様子に関する表現

長風呂である	あまり湯船に浸からず、さっと出る	「いい湯だな」と鼻歌が出て楽しそう
座った姿勢を保持して	「ふ～」と大きく息をつき気持ちよさそう	座位が不安定で浮き上がりそうになった

UMEさんの介護エピソード 4

施設での排泄介助

山本さん、このごろイライラしてるよね…。しばらくご無沙汰だもんね…
センナ茶飲んで、“の”の字におなかをさすってみましょうね～
う～ん出ないわ～
薬に頼らずになんとか出したいな
山本さん、園庭に散歩しに行きましょうよ。少し歩いてみましょう
数時間後…
私、トイレ行きたい…
よかった！やっと栓が抜けるね！

そのまま使える表現集

排泄の状況がスタッフや利用者にとって最も気がかりであることは、現場にいる皆さんが毎日実感しているとおりです。

健康状態把握のため、医療の立場からも、排泄記録はとても貴重です。わかる範囲で、量、形、様態はできるだけ具体的に書きましょう。下表には看護用語の言い換えを紹介しますので、看護師との情報共有にも役立ててください。

便の状態に関する表現		
[形・様態]		
バナナのような便（普通便）	硬い（硬便）	カチカチの便
軟らかい（軟便）	有形便	ドロドロ（泥状便）
半練状の便	下痢便	コロコロ （うさぎのフンのような便）
液体状（水様便）	粘液や血液が混じっている （粘血便）	排便時に出血がある
[色]		
黄土色	茶褐色	クリーム色
黄色	灰色	赤色
レンガ色	黒ずんだ褐色	血液が混じる
緑色	排便時に出血	黒色 （タール便、イカ墨のような色）
[量]		
多（中・少）量	オムツに付着程度（ごく少量）	こぶし大
ピンポン玉大	小石3個	太いうどん2本ほど
拇《ぼ》指《し》大	甘栗4粒ほどの量	残便感がある

尿の状態に関する表現		
[色]		
無色	淡い黄色	薄い黄色
蛍光色のような黄色	オレンジがかった濃い色	濃い茶色
褐色	ピンクがかって	赤い
血が混じる（血尿）	白い	濁っている（尿混濁）
泡立っている	少量の浮遊物が見られる	
[量・頻度・におい]		
回数が多い（頻尿）	量が多い（多尿）	尿の出が悪い（乏尿）
残尿感がある	ツーンと鼻につく臭い	強い尿臭がある

UMEさんの介護エピソード 5

施設での夜間巡回

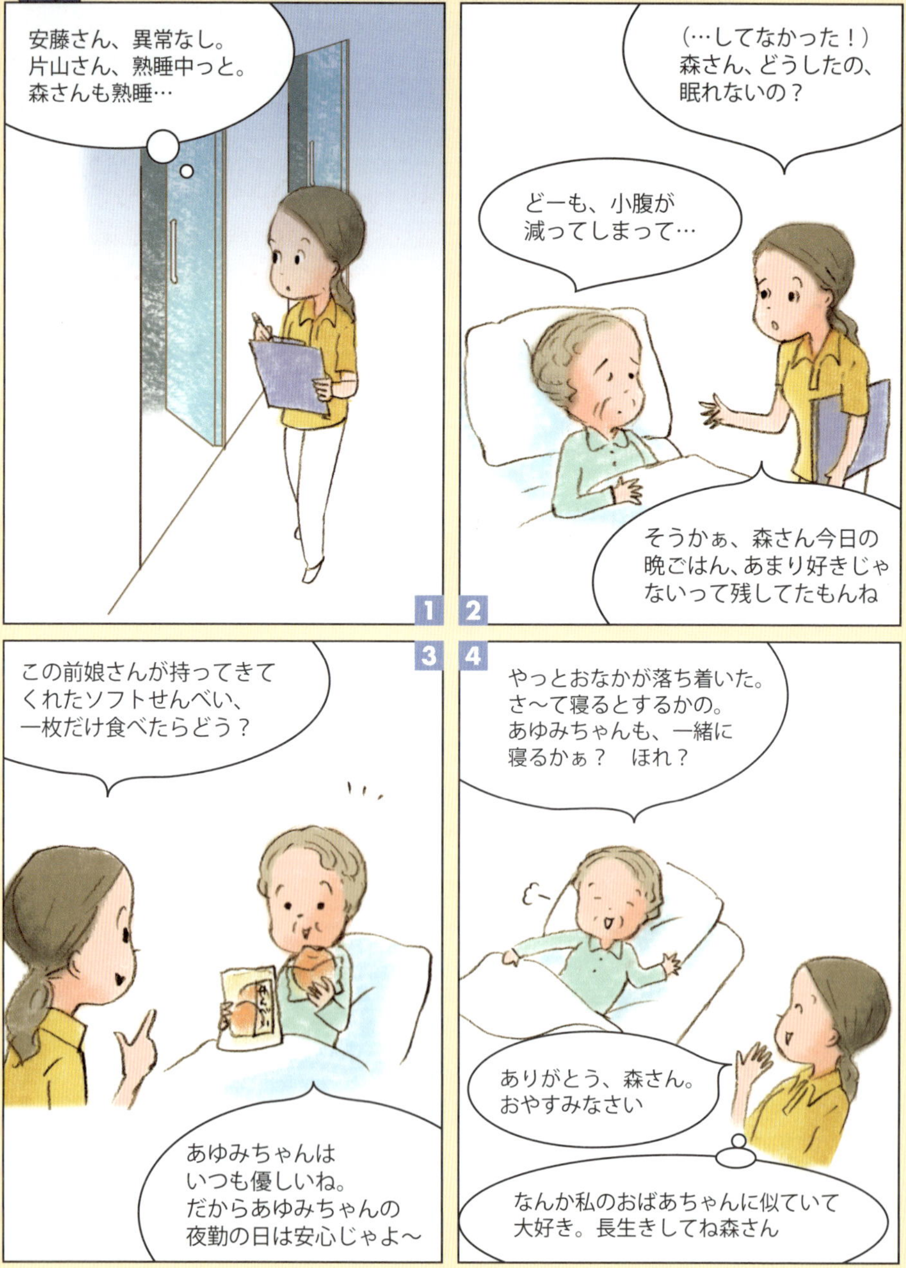
安藤さん、異常なし。
片山さん、熟睡中っと。
森さんも熟睡…
（…してなかった！）
森さん、どうしたの、
眠れないの？
どーも、小腹が
減ってしまって…
そうかぁ、森さん今日の
晩ごはん、あまり好きじゃ
ないって残してたもんね
この前娘さんが持ってきて
くれたソフトせんべい、
一枚だけ食べたらどう？
あゆみちゃんは
いつも優しいね。
だからあゆみちゃんの
夜勤の日は安心じゃよ～
やっとおなかが落ち着いた。
さ～て寝るとするかの。
あゆみちゃんも、一緒に
寝るかぁ？　ほれ？
ありがとう、森さん。
おやすみなさい
なんか私のおばあちゃんに似ていて
大好き。長生きしてね森さん

そのまま使える表現集

夜間でも、利用者はただ睡眠をとっているだけではありません。夜中にいろいろなドラマが起こることもあるでしょう。利用者は、夜に気持ちが高ぶったり、落ち込んだりすることがあります。そのようなときは、ゆったりと話すよい機会なのかもしれません。

寝ているときは、しばらくの間観察して、体調に異常や呼吸の変化を見過ごさないようにしましょう。

＊（　）内は看護用語

寝ている様子に関する表現		
［体］		
左側を下にして休んでいる	右側臥位にて寝ている	夜中3回トイレのため起きていた
［睡眠中］		
入眠を確認	朝まで問題なく就眠	スヤスヤと寝ている
ぐっすり寝ている様子	スースーと寝息をたてて寝ている	よく寝ていた
目を閉じて静かにしている	浅眠である	なかなか眠れない様子
ウツラウツラしている	不眠である	目を開いている
寝返りを頻繁に打っている	体動が多い	まどろんでいる
夜間を通じて眠りが浅い	うなされている	「まったく寝られなかった」との訴え
ひとり言を言っている	寝言を言っている	「ウー」とうなっている
あまり寝ていない様子	入眠時にゴーゴーと大きないびきをかいている	グーグーと規則的にいびきをかいて寝ている

呼吸の様子に関する表現		
息づかいが荒い（過呼吸）	息が速くなっている	息を吐くときにゼーゼーと音がする（喘鳴）
息を吸うときにのどからヒューと音がする（笛声音）	呼吸時にゴーゴーという	小鼻をピクピクさせて、あえぐような呼吸
呼吸が小刻みに速くなる	肩で息をしている	ハアハアと浅い息をする
胸で浅い呼吸をしている	呼吸が遅い（徐呼吸）	あえぐような呼吸
息切れしている	下あごを動かして息をしている（下顎呼吸）	睡眠時、ときどき呼吸が止まる（無呼吸）
呼吸は規則的	呼吸状態が変わった	呼吸が速い（頻呼吸）
鼻づまりのせいか呼吸がしにくい様子		呼吸が浅い

UMEさんの介護エピソード 6

移動・移乗のとき

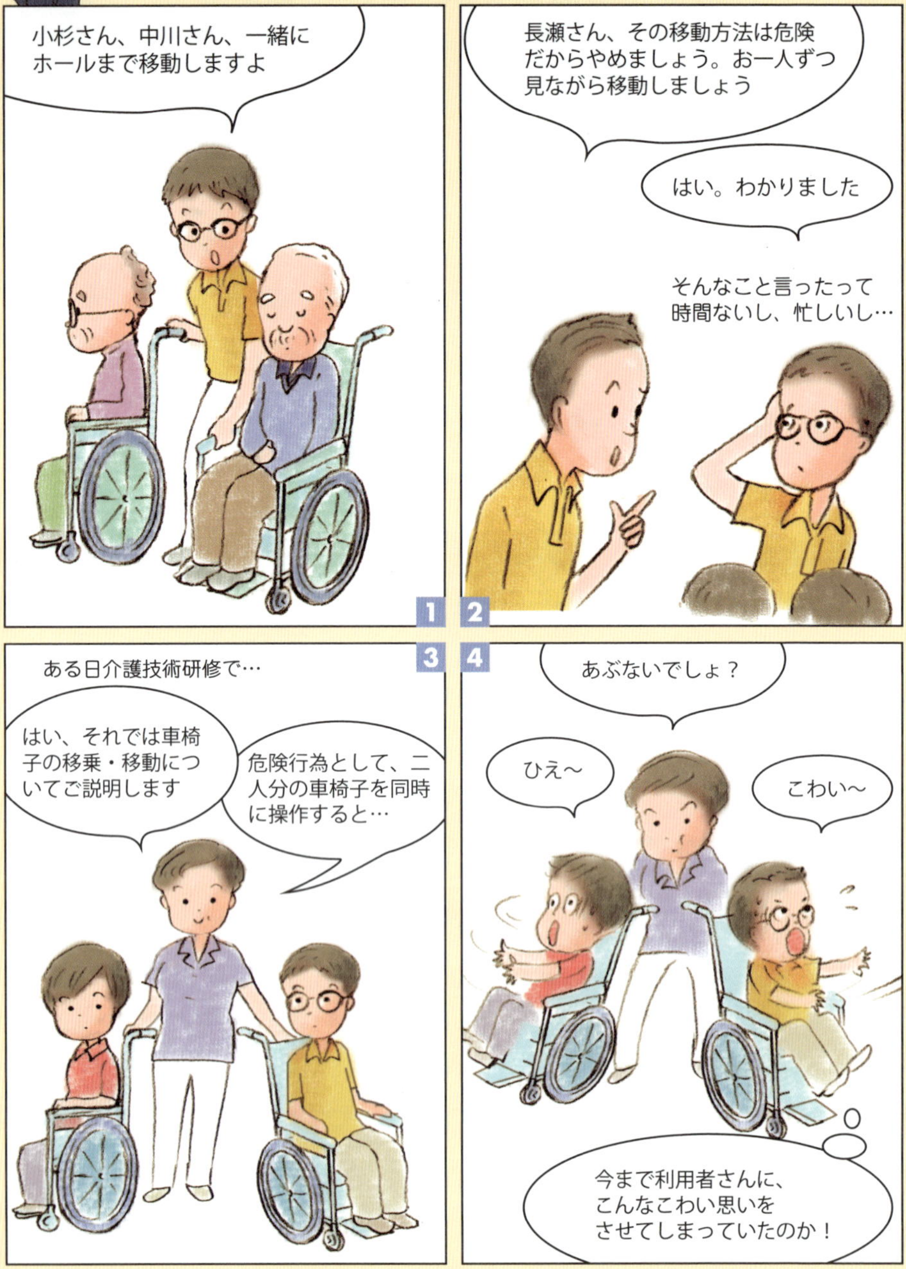

そのまま使える表現集

歩行介助や車いすやベッドなどへの移乗は、介護スタッフも大変ですが、される利用者も体力を使っています。体の状態に合わせた介助をするためにも、日々の運動機能などの観察を怠らないようにしましょうね。

体の状態・運動機能に関する表現		
姿勢がよい [↔よくない]	背筋が伸びている [↔伸びない]	背中が丸い（湾曲）
姿勢が安定している [↔しない]	体がだるそう	けだるい様子
体が重い	動くのがつらそう	足が重そう
ガクガクふるえる	動くのがおっくうそう	ひざが曲がっている（伸びない）
足元がしっかりしている	足どりが軽い	じっとしている
素早い動き	ゆっくりと動く	もどかしい手つきで
動きが鈍い	～が動かしにくそう	動きが遅い
動きがぎこちない	足の運びがよい [↔悪い]	よろめく
転びやすい	ブルブルふるえる	足（腕）に力が入らない
歩行の様子に関する表現		
軽やかな足どり	足元がおぼつかない	伝い歩きをしている
手引き歩行	以前に比べ歩幅がせまくなった	前のめりになる
「～歩く」が続く修飾語		
シャカシャカ	シャキシャキ	元気よく
素早く	急ぎ足で	背筋を伸ばしてスタスタ
早足で	ゆっくりと	のんびりと
すり足で	小刻みに	足をひきずって（跛行）
トボトボ	ふらつきながら	背中を曲げて
ヨロヨロと転びそうに	つまずきがちに	足をひきずりながら
手を大きく振って	前屈みになり	足元を気にしながら
杖を上手に使って	こわごわ	手を動かさずに
足を広げて	ひざを曲げて	上半身を左右に振って
立ち座りの様子に関する表現		
ゆっくり（素早く、のっそりと、ユルユルと）立つ	飛び上がる	崩れ落ちる
へたり込む	座位の保持が困難	ふらつく
フワフワしている	上体が右 [↔左] に傾く	座り込む

UMEさんの介護エピソード 7

レクリエーション

1
皆さん、今日は何の日でしょう？
さ〜て、何の日だったかのぉ？
クリスマスじゃないの？
2
そうです。今日はクリスマスイブ！そこでひまわり園にこんな方をお招きしていま〜す！
メリークリスマス！
3
あれぇ、あなた施設長さんでしょ？すぐわかるよ〜
変装ヘタね。サンタなんてここに来るはずないと思ってたわ〜
4
その夜の巡回で…
あら、意外と乙女チックなところもあるのね
それにしてもデカイ靴下！そこは現実的かしら！？

そのまま使える表現集

利用者の笑顔が見たくて、皆さんはきっと施設内のレクリエーション活動に工夫を凝らしていることでしょう。どんな表情や様子だったか、場面が思い浮かぶような記録を書くためのいろいろな表現をご紹介します。

表情がよい様子を表す表現		
おだやかな	楽しそうな	うれしそうな
晴れ晴れとした	なごやかな	やわらかな
さわやかな	満足そうな	柔和な
すがすがしい	すっきりした	笑い出しそうな
意気込んだ	にこやかな	生き生きとした
リラックスした	活気のある	気を許した
頬をほころばせ	表情をくずして	目を細めて喜んで

表情が悪い様子を表す表現		
硬い	険しい	ぎこちない
苦々しい	憮然とした	不安な
うつむき気味で暗い	イライラした	こわばった
くもった	悲しそうな	かたくなな
疎んじるような	うらめしそうな	うっとおしそうな
さえない	沈んだ	渋い
神妙な	うたぐり深そうな	つまらなそうな
けだるそうな	やつれた	うつろな

その他の様子を表す表現		
表情に変化が見られない	顔色ひとつ変えず	無表情で
眠そうな	苦悶の表情を浮かべて	したり顔で
得意満面で	しかめっ面	素知らぬ顔で

笑顔の様子を表す表現		
大笑いする	ほほえむ	喜んでいる
おだやかなほほえみ	明るい笑顔	やわらかな笑顔
会心の笑顔を見せて	ぷっと吹き出す	大きな口を開けて
声をあげて大笑い	笑いがこみ上げてくる	口元がほころぶ
口角を上げて	高笑い	愉快そうに
カラカラ	ゲラゲラ	ニコニコ
にんまり	ニタニタ	クスクス
コトコト	にやっと	にこっと
うふっと	にこりと	にやりと

UMEさんの介護エピソード 8

認知症があるとき

1
藤田さん、どちらまで行かれるんですか？
………
反応なしか…
2
藤田社長！どちらに行かれるんですか？
ピタッ
何かご用かね？しっかりと仕事を頼むぞ、諸君！
3
おい、きみきみ、仕事ご苦労さん！仕事が終わったら、近くで一杯どうかね？
藤田さん、いつも決まってあゆみさんしか誘わないよねぇ…
4
年齢を重ねても男性は男性ってことだね…
しっかりあゆみさんのことは覚えたんだね…
そういうことだ！

そのまま使える表現集

認知症のある利用者への対応は大変なこともありますが、楽しいエピソードもたくさんあるはず。利用者の人柄を表すほほえましいエピソードは、スタッフ全員で共有したいですね。

＊（　）内は看護用語

目の様子を表す表現		
赤い	くぼむ	ショボショボ
チカチカ	光がある	キラキラ輝いている
パッチリ開けて	キョロキョロして	輝きがない
生気がない	にらんで	視線が定まらない
クラクラ	まぶたが腫れている	伏し目がちで
目を伏せて	目を見開いて	目をしょぼつかせている

意識状態に関する表現		
意識がはっきりしている [↔はっきりしない]	覚醒している（意識清明）	はっきりと返事をする
ぼんやりした状態	茫然自失の状態	錯乱する
逆上する	放心している	不安そうでじっとしていない
冷静さをなくしている	寝ぼけた状態が続く	注意散漫
行動や応答が緩慢	幻覚（錯覚）症状がある	幻聴により大声を出す
興奮して歩き回る	出来事の記憶がない	せん妄状態
不穏	軽度の意識障害	注意力が低下している
意識がもうろうとしている	記憶がおぼろげ	時間・場所がわかる [↔わからない]
中程度の意識障害 （傾眠、嗜眠、昏蒙、意識混濁）	重度の意識障害	意識がない（昏睡）

ここに注意！　行動障害の記録を書くとき

行ったケアの公性を示すためにも、行動障害の部分を記録する必要があります。

認知症の方のケアを記録にするときは、行動障害に注目しすぎて、利用者本人が不在の記録になってしまいがちですが、問題のある部分だけを書くのではなく、一連の流れを順を追って記録するとよいでしょう。

経過をできるだけ正確に追うことで、利用者や家族からすると不本意ともとれる「徘徊《はいかい》」「暴力・暴言」「介護拒否」などの表現を使用することなく、記録を書くことができるはずです。

UMEさんの介護エピソード 9

在宅での家事支援

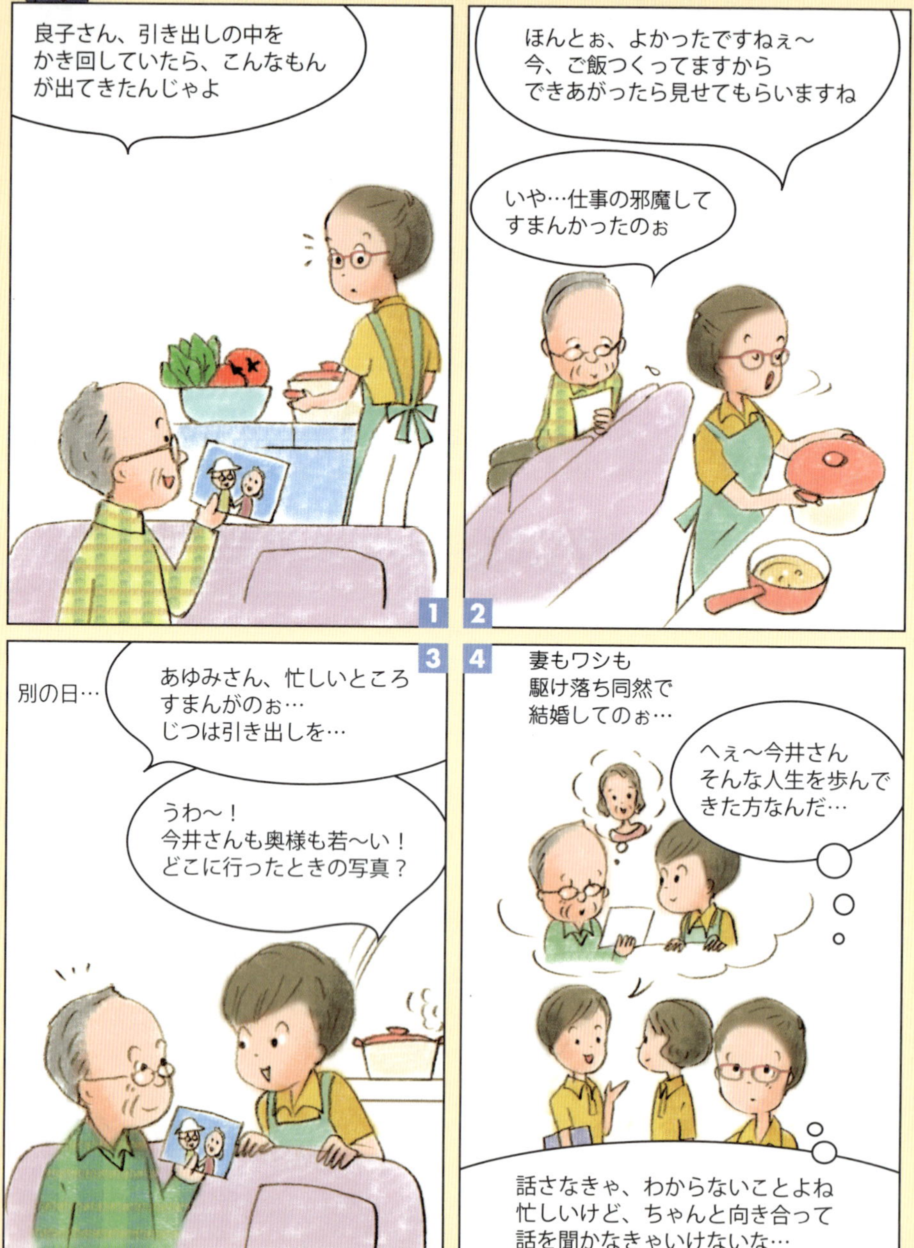
良子さん、引き出しの中をかき回していたら、こんなもんが出てきたんじゃよ
ほんとぉ、よかったですねぇ〜今、ご飯つくってますからできあがったら見せてもらいますね
いや…仕事の邪魔してすまんかったのぉ
別の日…
あゆみさん、忙しいところすまんがのぉ…じつは引き出しを…
うわ〜！今井さんも奥様も若〜い！どこに行ったときの写真？
妻もワシも駆け落ち同然で結婚してのぉ…
へぇ〜今井さんそんな人生を歩んできた方なんだ…
話さなきゃ、わからないことよね忙しいけど、ちゃんと向き合って話を聞かなきゃいけないな…

そのまま使える表現集

在宅支援では、記録すべき仕事が多岐にわたります。気候など、利用者の周囲の様子を書くことも大切です。

気温・気候に関する表現		
暖かい	涼しい	寒い
暑い	おだやかな風が吹き	さわやかな晴天
乾燥している	ポカポカとのどかな陽気	日差しがうららか
すごしやすい	空気が澄み渡り	湿度が高くうっとおしい
台風の影響で風が強く	蒸し暑い	暴風雨の荒れ模様
肌寒い	凍えるような寒さ	強い雨
霧雨	にわか雨が降り	雲がたれこめて重苦しい天気
底冷えする	日差しが強く気温が30度を越し	暑苦しくて眠れない様子

時間の経過や変化に関する表現		
今日は〜	昨日は〜	先週は〜
○日からは〜	○曜日以降は〜	朝食後［前］は
夜になると	夕方になると	最近は
普段は	いつもは	まれに
常に〜している	よく〜している	たまに〜している

ここに注意！ 在宅の利用者の記録を書くとき

在宅で生活を送る利用者は、周囲から様子を確認してもらう機会が施設よりも極端に少ないため、ヘルパーの訪問機会は貴重な安否確認のチャンスでもあります。うかがった際の利用者の様子をできるだけくわしく具体的に書きましょう。

たとえば、どのような表情をしていたのか、またどんな会話を交わしたのか、どこに座っていたのか（状態）を観察しましょう。ヘルパーの記録によく見られるのは、スタッフが行った介助をただ列記している記録です。介護はヘルパーと利用者とのやりとりですから、必ず両方のことを書きます。

訪問介護は利用者のご自宅にうかがってサービス提供します。そこで何があったのか知っているのは利用者とスタッフの二人だけです。あとから「やった、やらない」「言った、言わない」などトラブルにならないように、ケアを行ったあと、記憶が確かなうちに、どのような声かけを行ったとか、利用者からどんな要望があったかなど書いておくとよいでしょう。

UMEさんの介護エピソード 10

ショートステイ

それでは、母をよろしく
お願いします
倉田さん、はじめまして。
介護士の佐藤です。
よろしくお願いします。
じゃあ、お部屋に
行きましょうか
1
2
しばらくして…
心配で来ちゃいました。
母はごはんはちゃんと
食べてますか？
ほかの皆さんとは仲よく
できていますか？
大丈夫ですよ。今朝も
お電話差し上げたよう
に、落ち着かれて過ご
していましたよ
3
母はイモ羊かんが好きで 10 時と
3 時には食べたいと思うんです。
それから昆布茶とカステラは
いつも 3 度の食後に食べていまして
ほんの少し部屋に置いてきました…
それから…
4
ショートスティの利用者さんは
ずっとご自宅でお好きなように
暮らされてきたんだもんな〜
どこまで支援できるのか検討し
なくちゃね
ドッサリ

そのまま使える表現集

普段在宅で介護をしている家族の方は、施設ではどのように過ごしているか、心配するのは当然ですよね。どんな様子で過ごし、どのような活動や会話をしていたのかは、最も気になるはずです。きめ細やかに記録して、ご家族を安心させてあげましょう。

他利用者との会話に関する表現		
なごやかに談笑していた	くつろいで歓談を楽しんでいた	周りの人に積極的に話しかけていた
懇談していた	隣の席の方と打ち解けて親しそうに話していた	色々な人に気さくに話しかけていた
二言、三言〜	興味のある話題のようで会話に花が咲いていた	長時間にわたり（夢中になって）語り合っていた
時を忘れて（熱心に）話し込んでいた	ほとんど話さない	言葉はないが「あー」とときどき声を出している
声は出ないがあいづちを打つ	口を一文字に結んだまま	発語（発声）はない

声・話し方に関する表現		
声に張りがある	ハキハキとよく響く声	よく通る声
つぶやくように	声がかすれて	ガラガラ声
低い声	つぶれた声	語気を荒くしていた
鋭い声	悲鳴をあげて	かぼそい声
ささやく	たどたどしい	しんみり語る
気ぜわしく話す	しょんぼり話す	ヒソヒソ
ボソボソ	モゴモゴ	滑舌がよくない
声が聞き取れず	舌がもつれる	舌がよく回らない
発音しにくそうに	そっけない返事	返事がおぼつかない

性格に関する表現		
明るい	快活な	物おじしない
しとやかな	奥ゆかしい	おだやかな
おっとりした	のんびりした	いつもにこやかな
折り目正しい	礼儀正しい	意思が強い
我慢強い	辛抱強い	粘り強い
気さくな	冷静な	頑固な
生真面目な	気難しい	気弱な
にぎやかな	言いたいことが言えない	神経が細やかな
物静かな	豪放らいらくな	てきぱきとした
さっぱりした	あっさりした	感情を表に出さない
温厚な	表情を変えない	親切な
内気な	引っ込み思案な	用心深い

UMEさんの介護エピソード 11

体調の観察

木村さん、ごはんだけじゃなくて、こっちのおかずも食べてね
どうしたんだろう。今日の木村さん、何か様子がおかしい！
木村さん？
ハッ！
1
2
3
4
佐藤さん！　すぐに看護師の鈴木さんを呼んできて！！
はい！
大事にいたらなくて本当によかったです。私、ドキドキしました…
私も新人のころはパニックになりかけたわ
ドキドキするけど、異変に気づいたあとどう対応するかが大切なの。冷静さを忘れず、ケアの経験を積み重ねてね

そのまま使える表現集

利用者の体調変化に最初に気づくのは介護スタッフです。事実を看護師に伝えるとともに、できるかぎりくわしく記録に残しましょう。

痛みの様子を表す表現		
ズキズキ	ジンジン	チクチク
シクシク	キリキリ	ガンガン
ヒリヒリ	ピリピリ	チクリ
ジクジク	うずく	しみる
つれる	ほてる	鋭く
刺すような	しびれたような	しめつけられるような
身をよじるような	強い痛み	激しい痛み（激痛）
鈍い痛み（鈍痛）	押すと痛い（圧痛）	焼けるような痛み（灼熱痛）

病状に関する表現		
［腹痛］		
胸やけがする	胃がもたれる	さし込みがある
おなかが張っている	下痢が続く	下腹部に鈍痛
［発熱・咳など］		
～度の発熱	痰の少ない咳をしている	目のまわりが赤い
体が熱い	ゴホンゴホンと湿った咳をしている	コンコンと乾いた咳をしている
鼻水が続く	のどがいがらっぽい	鼻がつまっている
吐き気がある	鼻がグズグズしている	嘔吐
［痰・鼻水の色］		
透明	濁っている	白い
薄黄色	黄色	白色がかった黄色（白黄色）
緑色	緑色を帯びている黄色（緑黄色）	茶褐色
サビのような色	黒っぽい	ピンク色
赤い	血が混じっている	水のような
さらっとしている	どろっとしている	ドロドロしている
ゼリー状	ねばりがある（粘度が高い）	泡を含んでいる

口腔に関する表現		
自分で口を開く	口を開けることが困難（維持できない）	開口を拒む
口の中が渇いている	唇が乾燥している	入れ歯が合っている ［↔合っていない］
口内炎がある	舌が白くなっている（舌苔がある）	歯垢がたまっている
朝、口中のねばつきがある	うがいのときに口がよく動く	上あご裏の汚れが少なく ［↔多く］なった
水がしみるようだ	唾液のねばりが強い	前歯がグラグラしている
口臭がある	奥歯の間に食べカスが残る	堅いものがかみにくそう
舌がヒリヒリすると言う	左頬［↔右頬］の内側を触ると痛がる	歯肉が腫れている（出血が見られる、うみが出ている）

UMEさんの介護エピソード 12

ヒヤリハット

坂本さん、
ちょっと待っててね！
いま行きまーす
ピンポーン
は〜い
すぐ行きまーす！
ピンポーン
坂本さんっ！
危ないっ！
危なかった…坂本さんの
コールはできるだけ早く
確認しなくちゃ…
布団が邪魔になっ
て降りられなかっ
たのね…

そのまま使える表現集

利用者の中には予測もつかないような行動を起こす方がいますよね。危険なことだった場合、二度と同じようなことを起こさないために、どうしたら予防できるのかを検討する必要があります。そのときの状況を正確に記録に残しておくことがとても重要です。

＊(　) 内は看護用語

転倒があった場合の表現	
ドンという鈍い音がした	うなり声がした
叫び声 [悲鳴] が聞こえた	ベッドの左側床にうつぶせの状態で倒れていた
車いすからずり落ち、フットサポートの上に尻もちをついた	

傷・けががあった場合の表現			
青い [赤い、黄色い、黒い] あざがある		かさぶたができている	
すりむき傷、すり傷 (擦過傷)		皮膚が裂けている (挫創)	
かすり傷	ひっかき傷がある	刺し傷 (刺創)	裂き傷 (裂傷)
切り傷 (切創)	やけど (火傷、熱傷)	凍傷	かまれ傷
虫刺され	靴ずれ	化膿している	打ち傷 (打撲)
床ずれ (褥瘡)	肉離れ (筋挫傷)	くじく・ねんざ	骨折
血が出ている	傷が開いている	みみず腫れ	出血は見られない
出血したと報告あり	微量の出血がある	すでに止血している	あざが見られる

今後の対応について触れる表現	
次回からは○○を確認する	再発防止策として○○が考えられる
○○を行うときは△△を徹底させる	本人の同意を得て○○する必要がある
次からは○○していただけるようお願いした	ご家族と相談のうえ、○○するよう提案する
定期的に○○するように申し出る	○○を継続して行うことに決まった
今後はいつでも遠慮せずに○○してくださいとお伝えした	

Column

書き方の手順――イメージしてから書く

❶出来事をイメージし再体験する

介護記録を書くとき、いきなり書き出そうと思っても、どう書いてよいのか迷うことがあると思います。そういう場合は、書く前に、最初に起きた出来事を思い出し、再体験（記憶の再起）をしてから文章化するとスムーズにいきます。

この段階でリアルなイメージで再体験できれば、イキイキとした表現の記録を書くことができます。再体験で得られた、利用者との関わりや観察結果をそのまま文章として形にすればよいのです。

❷内容を取捨選択する

次に、再体験した映像の中で、何が大切なのか、何を伝えるべきかを取捨選択する必要があります。この作業ができないと、脈絡のない記録になってしまいます。

文章の要素は、「いつ、どこで、だれが、何を、（なぜ）、どのように[4W(5W) 1H]」です。介護記録を書く前に、これらのパーツを頭の中から出してみましょう。絞り込んだ内容を並べ変えれば読みやすい記録文になります。慣れないうちは順序など気にせず、必要なパーツを絞り出すだけで十分です。

❸文章を組み立て整理する

最後に、絞り込んだ大切な内容を並べ替えれば、どんな人でも読みやすい記録文が書けるようになります。

一文内にあまり多くの内容を盛り込もうとすると、何を伝えたいのかがぼやけた、ダラダラした文章になってしまいます。できるだけ短めに区切って書くと、読む人に主旨が伝わりやすいでしょう。

また、記録文では先に結論を書いてから説明文を書くのが基本です。まず、結論の１文を書いてから、それについての説明文を続けましょう。説明文も、文章は簡潔にまとめることを心がけます。

第1章

まずはここから知ろう!
記録の目的と種類

介護記録を書く目的とは

介護記録はサービス改善のための基礎資料

情報を記録として残す意味は？

私たちは忙しいなか、やりくりをして毎日たくさんの介護記録を書いています。「利用者に対するサービス提供の中身がわかる記録を書いて２年間保管すること」という基準省令があるものの、利用者と関わる大事な時間をさいてまで、なぜ介護記録を書いているのだと思いますか。

たとえば、あなたが利用者に対して、ケアプランに沿った専門的なサービスを提供しているとしましょう。そのとき、利用者に起きた出来事や変化を記録すれば、いつまでも情報として残ります。逆に利用者のちょっとした変化にスタッフが気づいたとしても、記録に残さなければ忘れられてしまうかもしれません。

記録を書き残す目的をしっかり認識することで、よりよい介護記録が書けるようになるのです。

利用者に起きた出来事や変化を忘れてしまわないうちに、
記録として書き残し、今後の介護行為の検討材料にしましょう！

介護サービスを積み重ねるため

「専門的な関わりの積み重ね」というスタッフの努力が、利用者を「その人らしく」変化させていきます。利用者との関わりの積み重ねの先に、自立（自律）やQOL（生活の質）の向上があるわけです。

毎日の関わり抜きに利用者の生活はありません。スタッフと利用者両者の「様子」を記録に残すことで、今後の援助方法の検討材料にすることもできます。

介護は、書き残さなければ時間の経過とともに消えていってしまうものです。「専門的な関わり」と「利用者の生活上の変化」を記録して、あらためて文章を通じて、目で確認することが必要な仕事なのです。

また、記録に残しておくことで、利用者の以前の状態や普段の状態と比べることができ、異常の早期発見・予測にも役立ちます。

振り返りの材料として、専門性を高めるため

業務中は、自分が行った介護行為やプロセスを振り返る余裕がないかもしれません。振り返りのためには、介護記録が必須となります。

数日前に同じことや、関連する気がかりなことが起こっていたとすれば、介護記録からその状況を把握することで、適切な対応ができます。介護を検討・検証することで、専門性を高めることもできます。

介護現場には、社会福祉士、介護福祉士、ホームヘルパー、看護師、PT（理学療法士）、OT（作業療法士）などの有資格者が多数勤務しています。私たちは自らの専門性を遺憾なく発揮できるよう研鑽《けんさん》に励み、スキルアップを図る必要があります。その意味で、介護記録は、スタッフのプロ意識を育むという役割も担っています。専門性を高めることは、介護現場に勤める職員としての使命といえます。

ケアカンファレンスの際には、利用者の情報として介護記録を用います。利用者に対する具体的な支援の方向性を検討し、ケアプランへ反映させるためです。それによって、より効果的な方法を模索し、さらに質の高いケアを提供できるようになるのです。

情報として残し、スタッフ同士で共有するため

一つひとつの介助は、スタッフと利用者が１対１で向き合って行われます。業務中のある瞬間を取り上げてみても、スタッフが関わった利用者の数だけ、さまざまなエピソードや観察データがあるはずです。

介護スタッフ一人ひとりが利用者にとっては、貴重な人間関係の一人です。ただし、各スタッフがバラバラな介護を行い、利用者を振り回すようなことがあってはいけません。

介護は、恒常的・継続的に支援するというところに大切さがあるため、どのスタッフでも、同じ介護方針に沿って統一的な関わりをもつ必要があります。このように意図的な関わりを継続して行うことで、利用者の生活課題の改善が図られることでしょう。そうしたケアに一貫性をもたせるためにも、介護記録による情報の共有がとても重要です。

申し送りに際しても、口頭で伝えるだけではなく、文章（記録）で確認することにより、次のシフトの職員に確実に情報を伝えることができます。過去の介護を把握することで、これまでの関わり方をいかした意図的なケアを提供することが可能になります。

介護はチームで行われていますが、先にも述べたように、１対１で個別に関わっています。そのやりとりをほかのスタッフにも周知するために、介護記録が役立つのです。

医療、リハビリ、保健、介護スタッフは、チームアプローチを行ううえで次の展開

各スタッフが利用者にバラバラな介護を行い、利用者を振り回してしまわないように、介護記録を通してスタッフどうしの情報の共有を図ろう！

に備えた「たすきリレー」のような情報の引き継ぎが必要になります。大事なこと、伝えるべきことは、いかに業務多忙であっても情報共有しなければならないのです。

介護サービスを形にして残す

介護記録は、介護保険法令上、記録・保管の義務があり、国民健康保険団体連合会、都道府県、保険者による指導監査の対象となっています。

また、一定条件のもとに第三者への情報開示が行われることもあります。利用者・家族に事実を開示することも想定して、だれが読んでも誤解を与えることなく、正確に内容を理解できる記録を書くことも求められてくるでしょう。

介護記録はサービス（スタッフの行った介護行為）を提供したことの証明です。適切に遂行したサービスが書かれている記録は、法的証拠となり、万一訴訟という事態になってしまった場合にも、事実関係を説明する根拠になります。責任の所在を確認することもでき、リスクマネジメントのための重要な情報になります。介護という仕事を「記録」として残し、保管しておくことがいかに大切なのか見えてきます。

利用者の生活の軌跡を記録する

介護記録は、利用者の生活の記録です。利用者とスタッフがどのような関わりをしているのか、利用者がどのようなことを考え、どのような想いで生活しているのか、それを残すのも介護記録です。

また、家族は会うことのできない時間を利用者がどのように過ごしているのか知りたいものです。介護記録は「一人ひとりの人生を描いた物語」であり、その人が「そのとき、その瞬間にどう生きたのか」という足跡を残す唯一の情報なのです。

記録を目にし、事実を知ることで家族に安心感を得ていただき、介護スタッフへの信頼が深まるような心のこもった介護記録を書くよう心がけましょう。

介護記録の分類

介護記録にはどんなものがあるのか

介護記録の種類

私たちは普段、介護現場でさまざまな記録物を書いています。業務日誌、ケース（経過）記録、バイタルチェック表、デイサービス連絡帳、ヒヤリハット報告書など。これらをすべて総称して、「介護記録」と呼んでいます。

介護記録は目的や対象者によって下表のように分類することができます。

書き方としては、介護スタッフが観察などをもとにその情報を自分の文章で書くタイプと、あらかじめチェックする項目を決めておき、そこに数字や確認のサインを書き込むチェックシートタイプに大別されます。

様式は一部決められたものがありますが、それ以外は施設ごとにオリジナルの様式を作成し、記録を効率的に書くために工夫してもよいことになっています。スタッフが使いやすい記録様式をつくることも、記録の負担軽減には大切な要素です。

おもな介護記録の分類

施設全体のことについてまとめられた記録

↓

- 業務日誌（業務記録）（▶P39）

ケース（利用者）のことについてまとめられた記録

↓

- フェイスシート（利用者台帳▶P40～41）
- 居宅サービス計画書・施設サービス計画書（ケアプラン▶P42,43）
- 日課サービス計画書、通所介護計画書、訪問介護計画書
- 経過記録（ケース記録、介護記録、業務記録▶P44）
- 排泄記録
- 食事記録
- バイタル記録
- 水分補給記録
- 夜間巡視記録
- 入浴記録

（チェックシート▶P45）

リスクマネジメントの記録

↓

- 事故報告書（▶P46）
- ヒヤリハット報告書（▶P46）

その他の記録

↓

- ケアカンファレンス記録（▶P47）
- 介護連絡ノート（申し送り）
- 行事計画書
- 家族との連絡帳（デイサービス連絡帳など）

書式例と書き方のポイント

おもな介護記録の書式例と書き方

業務日誌

介護現場全体の大まかな状況を把握するために書くもので、勤務者が日勤、夜勤などのシフトごとに記録します。その日の出来事、利用者（入所、退所、入院などの状況）、勤務者の状況、施設行事や特記事項などを記入します。

■業務日誌の例

特養業務日誌	年 月 日	施設長	生活相談員	介護主任	記録者
		印	印	印	印

利用者状況

	男性	女性	計	特記事項
在籍者				肺炎の疑いで入院していた203号室の小林せつ様が本日15:00、無事退院。4日からショートの利用をしていた田中定治様は明日退所予定。11時に息子さんが迎えにくることになっている。
外泊者				
入院者				
退所者				
ショートステイ				
計				

今日の出来事・来訪者

談話室にてカラオケ大会開催（14:00）
13:00、入所を検討中の市田様のご家族が見学のため来所。

介護の状況・申し送り事項

氏名	時制	
田中 定治様	8:00	ショートステイ3日目で、施設の生活に慣れてきたように見えていたが、朝食時「食欲がない」と言いはしをつけなかった。「家のごはんが食べたい」とさみしい表情をしたので「明日、息子さんが迎えにいらっしゃいますよ」と話すとニコッと笑い、食べ始めた。
河合 清子様	16:00	昨日朝から便通なく不快を訴えていた。普段から便秘を気にしているので、斉藤看護師に連絡し対応してもらった。

職員・年次・出産・その他

フェイスシート（利用者台帳）

利用者の施設入所・利用にいたるまでの生活歴や緊急連絡先、家族構成、身体状況、主治医、利用者主訴・家族意向、利用中の社会保険や公的制度などの個人情報を記載した大切な書類です。生活の自立度を把握する目安として、ADL（日常生活動

■フェイスシートの例

作成年月日　　　　年　　月　　日

本人氏名	フリガナ　オ　ガワ　　サ　キ	性別	生年月日	M・T・S
	氏名　小川　サキ様	女		年　　月　　日（　　歳）
	住所		電話	
緊急連絡先	氏名（会社）		電話　　－	
	住所		続柄	

介護認定		非該当・要支援1・要支援2・介護1・介護2・介護3・介護4・介護5		
日常生活自立度	寝たきり	正常・J1・J2・A1・A2・B1・B2・C1・C2	判定日	年　　月
	認知症	正常・Ⅰ・Ⅱa・Ⅱb・Ⅲa・Ⅲb・Ⅳ・M	判定日	年　　月

■家族構成図

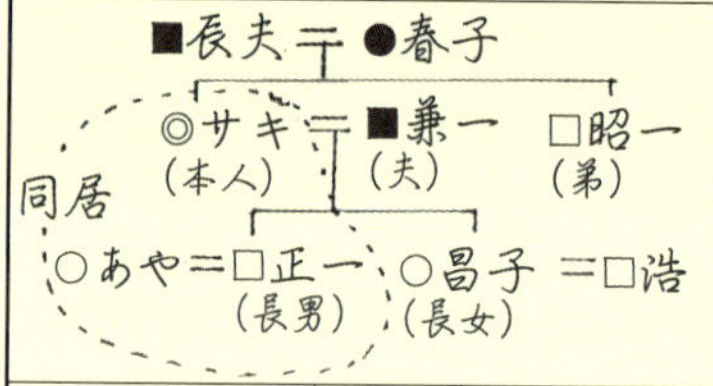

■本人の生活歴

○県で生まれ、18歳のとき上京。定年まで小学校教諭として勤務。その後もボランティア活動や民生委員などを務める。5年前にご主人を亡くされてからひとり暮らし。昨年3月、足骨折を機に、長男家族と同居。現在に至る。

氏　名	続柄		連絡先（TEL）	氏　名	続柄		連絡先（TEL）

■本人の健康状態	■家族の介護状況
	1年前より、長男嫁が介護。長男嫁が1か月前から体調不良になり介護が難しいとのことで入所することになった。

医療機関名	病（医）院　　　　科	主治医			
既往歴・現病歴					
アレルギー					
服薬状況（薬名）	朝　有・無	昼　有・無	夕　有・無		

作）・IADL（手段的日常生活動作）などをくわしく記入する情報シートを添付して保管し、支援計画の立案に活用します。

情報シートには、食事・入浴・排泄・移動・整容・更衣・睡眠・視力・聴力・コミュニケーション・マヒ・褥瘡《じょくそう》・認知症による行動障害・在宅生活の様子・嗜好品などの情報を記入します。

<table>
<tr><th colspan="4">生活の様子Ⅰ</th></tr>
<tr><td rowspan="2">食事</td><td>1自立 2一部介助 3全介助 4経管栄養
〔主：普通・粥・ミキサー〕
〔副：普通・粗刻み・ペースト・流動食〕
特別食（有・無 食 kcal）
好きな食べ物（煮物 ）
嫌いな食べ物（鶏肉 ）
義歯 有・無 全・上・下 ）</td><td rowspan="2">排泄</td><td>1自立 2一部介助 3全介助
〔トイレ・ポータブル・オムツ〕
トイレの使用状況
（昼： 夜： ）
尿意（有・無） 便意（有・無）
下痢：有・無（頻度 ）</td></tr>
<tr><td>特記事項</td><td>特記事項</td></tr>
<tr><td rowspan="2">入浴</td><td>1自立 2一部介助 3全介助
〔一般浴・中間浴・特浴〕
在宅での入浴：
有・無（移動入浴車・一般浴場・清拭）
主治医からの指示：有・無</td><td rowspan="2">移動</td><td>1自立 2一部介助 3全介助
〔杖・歩行器・車いす〕
車いすの自力操作 可・不可</td></tr>
<tr><td>特記事項
左足骨折あり</td><td>特記事項</td></tr>
<tr><td rowspan="2">認知症</td><td colspan="3">1妄想 2作話 3幻覚・幻聴・幻視 4感情不安定 5昼夜逆転 6暴言・暴行
7同じ話・不快音 8大声を出す 9介護への拒否 10徘徊 11不穏 12失見当
13収集癖 14火の不始末 15不潔行為 16異食行為・性行動</td></tr>
<tr><td colspan="3">特記事項</td></tr>
</table>

居宅・施設サービス計画書（ケアプラン）

利用者支援に関わる具体的な介護内容について、利用者のニーズごとに立案した計画書です。

ケアマネジメントの流れを踏んでいる介護サービスでは、居宅・施設サービス計画書（ケアプラン）の内容に沿ってすべての支援が行われるため、この計画書がすべてのサービス提供のベースとなる資料になります。利用者や家族をまじえてサービス内容を決定し記載します。

施設では、介護職員のほかに医師・看護師・リハビリスタッフ・栄養士などさまざまな専門職がチームを組んで一人の利用者のサービスにあたります。そのチーム全体のケアの方向性を統一し、役割分担を明確にするためにも重要な資料となります。

施設サービス計画書①

作成年月日　　年　月　日

初回・紹介・継続　　認定済・申請中

利用者名　青山照子様　生年月日　　年　月　日　住所

施設サービス計画作成者氏名及び職種

施設サービス計画作成介護保険施設名及び所在地

施設サービス計画作成（変更）日　　年　月　日　初回施設サービス計画作成日　　年　月　日

認定日　　年　月　日　認定の有効期間　　年　月　日 ～　　年　月　日

要介護状態区分	要介護1・要介護2・要介護3・要介護4・要介護5（その他：　　）
利用者及び家族の生活に対する意向	本人： 家族：食事を楽しく食べてほしい お散歩に連れて行ってほしい
介護認定審査会の意見及びサービスの種類の指定	特になし
総合的な援助の方針	食事摂取量が少ないので、食欲がわくように工夫をし、楽しく食事がとれるように支援します。また、気候の良い時はお散歩に出かけられるよう支援します。 緊急連絡先：（長女）　様　自宅　携帯 （長男）　様　自宅　携帯

上記サービス計画について説明を受け、内容に同意し、計画書を受領しました。　同意受領年月日　　年　月　日　利用者名　　印

説明者　　代理人　　印（続柄　　）

施設サービス計画書②

利用者名　倉本三郎　様

作成年月日　　年　　月　　日

生活全般の解決すべき課題（ニーズ）	援助目標				援助内容			
	長期目標	（期間）	短期目標	（期間）	サービス内容	担当者	頻度	期間
住み慣れた自宅に戻って生活を送りたい	在宅復帰に向けて前向きにリハビリを行い、自信をもつことができる。	6.1～12.31	在宅復帰に向けて、具体的に自宅生活をイメージすることができる。	6.1～9.30	体調管理に注意し、個別リハでは無理のないように努める。	看護師	随時	6.1～9.30
					在宅復帰について、不安を感じた際は、悩まず職員に相談することができる。また、職員は見守りと声かけを行う。	介護職	随時	
					在宅復帰に向けて居宅支援事業所（ケアマネ）等と連携・調整を図る。	ケアマネ、支援相談員	随時	

週間サービス計画表（居宅サービスの例）

利用者名　加藤　修　様

作成年月日　　年　　月　　日

		月	火	水	木	金	土	日	主な日常生活上の活動
深夜	4：00								毎月10日 いきいき倶楽部参加
早朝	6：00		長女 見守り（6：00～9：00）		長女 見守り（6：00～9：00）		長男 見守り（6：00～9：00）		
午前	8：00								
	10：00								
午後	12：00		通所ケア（9：00～17：00）	訪問介護（10：00～14：00）	通所ケア（9：00～17：00）	訪問介護（10：00～14：00）	通所ケア（9：00～17：00）		
	14：00								
	16：00								
夜間	18：00								
	20：00								
深夜	22：00								
	24：00								
	2：00								
	4：00								

週単位以外のサービス	

経過記録（ケース記録、介護記録）

提供されたサービス内容や利用者との関わり、観察などから得られた情報を時系列で記録するものです。ケース記録・介護記録ということもあります。利用者の生活の様子を事実として文章で書く書類で、本書ではこの書類については第３章で具体的な例文を紹介します。

経過記録の例

年　　月　　日（　　）　　　　　　　　　　　　　　記録者＿＿＿＿＿＿＿＿

血圧						体重	
脈拍						レクリエーション	
体温						リネン交換	
食事	摂取量 副／主	（朝） ／	（昼） ／	（夜） ／	（夕） ／	処置 受診 リハビリ	
口腔ケア		朝	昼	夜	自立		
便	性状						
	回数						
尿	回数						
入浴		実施　一般　機械　清拭　中止					

介護記録	巡視　0　3　6　9　13　16　19　22		
	オムツ交換・体位変換　0　4　9　13　16　20　自立		
	時刻	内　容	サイン
	15:00	おやつのバナナオムレットを提供する。	山本
		先に鈴木さんがご自分でお茶を飲む。	
		スタッフが声かけすると、オムレットを自分で	
		手に持ち口に運び食べた。「フワフワでおいしいわ。	
		ありがとう」と笑顔で話す。	
		最後の2口分は、自分で食べられず、スタッフが	
		介助し、完食。	
	16:00	胸焼けがするので、薬がほしいと訴えがある。	田中
		看護師に対応依頼。	
	16:30	夕食の量を加減するように鈴木さんに話したと、	
		看護師より連絡があった。	
	18:00	夕食は主食を残し、ほかは全量摂取する。	
		食後も様子を見る。	

チェックシート

利用者の毎日の健康状態や入浴、排泄状況などの記録様式です。いつ、どのような入浴をしたか、何時にどれだけの排泄があったかなどひと目で理解できる書類です。

排泄チェック表の例

●＝多量の便　△＝少量の便　×＝排便なし　○＝排尿

氏名		備考	下剤	8:30	9:00	11:00	13:00	14:00	16:00	17:00	19:00	21:00	1:00	5:00	
青山照子様					○			○		△			○		
井上徳二様	ポ	×		○			○		○			○			
加藤　修様				○	△	○		○		○			○		
春日ヨネ様				○			△○		○		○		○		
北川絹子様	オ	アズノール6/6		○				○			○		○		
北野恵子様	オ	×		○		○		○		○			○		
小島マツ様				○	●			○		○		○	○		
駒沢一郎様				○	△	○		○			○		○		
佐藤泰三様				○			○			○	△		○		
佐野洋子様		×			○		○		○		○		○		
斎藤ハジメ様				○			●		○			△	○		
島田和子様				○		○	△		○		○		○		
中山良三様	オ			○			○				○		○		
野中作造様				○		○			○	△		○			
葉山キミ様					○	△		○			○		○		
山中　仁様	オ			○	●						○		○		
山本貞治様	オ	マッサージ		○			○	○			●		○		

オ＝オムツ　ポ＝ポータブル使用者　ト＝トイレ誘導者（夜間はオムツ）　空欄＝自立者

入浴チェック表

入浴チェック表　石川　ナツ　様

入浴 ○　部分浴 □　中止 ×　清拭 △

月日	1	2	3	4	5	6	7	8	9	10	11	12	13	14	15	16	17	18	19	20	21	22	23	24	25	26	27	28	29	30	31	備考
4			○			○			×	△		△	□			○			○			○		□		□		○			○	

事故報告書・ヒヤリハット報告書

リスクマネジメントの記録としては「事故報告書」や「ヒヤリハット報告書」などがあります。「事故報告書」は、行政への報告も義務づけられています。

報告文書は最初に事実を書き、後から原因や対策を書きます。TPO（時間・場所・状況）を具体的に記録しておく必要があります。事故発生の現場に携わったス

■ヒヤリハット報告書の例

（通所リハ、　短期入所、　入所）

対象者氏名	山田　サト 様	報告者	長井
発生日時	年　月　日　時　分		
発生場所 （該当にチェック）	☐ 居室　☐ 居室トイレ　☑トイレ　☐ ホール　☐ 廊下　☐ 食堂　☐ 階段 ☐ 脱衣所・浴室　☐ 庭・駐車場　☐ 玄関　☐ 洗面所　☐ 車中 ☐ その他（　　）		
状況の分類	☑ 転倒　☐ 転落　☐ 転倒の危険　☐ 外傷・打撲　☐ 熱傷　☐ 誤嚥　☐ 異食 ☐ トラブル・暴力　☐ 無断離設　☐ 誤薬など　☐ 物の破損　☐ 紛失 ☐ 溺水　☐ 自傷　☐ 褥瘡　☐ その他（　　） ☐ 介助中　☐ 自立動作中　☐ 不明		
発生時の心身状況	発生時の身体不調等の有無 ☑ なし　☐ あり（　　）		
発生後の対応（処置や報告）その後の経過	山田さんがレクの途中、トイレに行き足をすべらせて尻もちをついた。びっくりしたようだが、特に外傷は見られなかった。		
負傷や受診の状況	負傷　☑ なし　☐ あり（　　） 受診　☑ なし　☐ あり　診断内容（　　）		
誘因・原因	「早くレクに戻ろうとしてあせってしまった」とご本人がおっしゃっていた。		
再発防止のカンファレンスの内容 具体的な再発防止策	レクを始める前にトイレの声かけを行う。 協議日時　月　日　協議者（　　）		
家族の連絡	日時　月　日　時　連絡者（　　）		

【分類　☑ヒヤリ　☐事故】

受傷部位	施設長	事務長	主任	相談者
	印	印	印	印

タッフが、記憶が確かなうちに書き残します。反省の弁をダラダラと述べるのではなく、端的に箇条書きで状況を整理して書きましょう。

単に報告するということだけでは、事故はなくなりません。大切なのは、事故にいたった要因を明らかにすることです。そして、今後、同じようなことが発生しないための改善策まで必ず記します。

「ヒヤリハット報告書」は、「事故にはいたらなかったが、事故に結びつく可能性がある要因（インシデント）」を明らかにし、少しでも偶発的事故を少なくしようとする取り組みの一環です。なぜヒヤリハットになったのかを分析・検証し、スタッフ全員が事故につながる危険なケアをなくすという目的を明確にし、意識的に報告書を書いていきましょう。

ケアカンファレンス記録

ケアカンファレンスは、ケアプランをもとに、各専門スタッフが利用者のケア方針を確認しあい、今後のケアのあり方を検討するために開く会議です。そこでは、利用者の介護方法や新たな課題の解決策などが議題となります。

問題探しにとどまらず、より適切なサービスを提供し、利用者の生活を豊かにするためにも、検討内容をしっかり記録に残しておきましょう。出席者、テーマと要旨、検討した内容と結論などを箇条書きで簡潔に書きます。

ケアカンファレンス記録の例

利用者：　山田サト　様

会議日：　年　月　日

	職　種	氏　名	職　種	氏　名	職　種	氏　名
会議出席者	ご利用者	山田サト様	通所リハ相談員	佐藤二朗		
	長男	山田太郎様	介護支援職員	梅沢佳裕		
	訪問介護サ責	鈴木一郎				
検討した項目	・屋内移動について ・下肢筋力の維持について					
検討内容	・山田サト様のご自宅での移動方法 ・下肢機能の維持に向けたリハビリテーションについて					
結論	ご自宅の廊下の動線が長く、途中で座り込んでしまうことがあることから、途中にいすを置き、休みながら転倒なく慎重に移動を行う。通所リハ利用の際に、できるだけ歩行機会をつくり、スタッフの見守りを受けながら、安全に下肢筋力の維持向上を図る。					
残された課題	体調を崩して通所リハの利用を休みがちであるため、体調管理を図りながら、継続的に通所リハに通うことができるよう、他職種による見守りを行う。					

Column

記録への苦手意識を取り除くには

●まずは何をどう書いたらよいのかを整理しよう

「何をどう書いていいのかわからない」ということが原因で、介護記録を書くことに苦手意識をもってしまうスタッフが多いようです。以下の3つの項目を明確に理解しさえすれば、苦手意識を克服できるはずです。

❶ 何を書くのか？

何を書くかというのは、利用者と関わっているときに、何を観察し、どんなことに気づけたかがポイントです。

❷ なぜ書くのか？

目的をとらえていないと、他人からやらされている感がつのり、記録内容が的外れになることも考えられます。

❸ どう書くのか？

介護記録の書き方のルールを理解することで、苦手意識は克服できます。

●定型文を使うより、自分が書きたいことを書いていこう

「苦手だな」と感じると、記録を仕上げるために定型の文章を準備したくなります。次のような文章をよく見かけます。

- 「Aさんがレク活動に参加しました」
- 「食事は全量摂取でした」
- 「夜は安眠しており、異常はありませんでした」

これらは定型文のようなもので、書くのが楽かもしれません。しかし、利用者はみな別々のレクに参加して、食べ方も就寝スタイルもそれぞれ異なります。

記録が苦手という意識はどうすることもできないかもしれません。ただ、文字で白紙をうめなければ、という義務感にとらわれるのではなく、皆さんなりの視点で得た、個々の文章を書きましょう。

自分が最も書きたい、ほかのスタッフに共有してもらいたいと思う情報を自由に書いてみてください。それこそがイキイキした利用者の様子だと思います。

第2章

コツをつかめばすぐ書ける!
介護記録の書き方

記録を書くときのポイント

介護記録の具体的な書き方について法的な規定はありません。しかし、提供したケア内容が適切に書かれていないと、監査などで指導を受けることがあります。また、その後のケアにいかすことができないような書き方では、介護記録を書く意味がありません。押さえておきたい記録のポイントは次の６点です。

❶ **よく観察する**（▶P50）
❷ **客観的な事実を記録する**（▶P53）
❸ **具体的に書く**（▶P55）
❹ **根拠を書く**（▶P56）
❺ **ケアプランに沿って書く**（▶P58）
❻ **ポジティブな視点で記録する**（▶P61）

❶よく観察する

「どう書くか」ではなく「何を書くか」

利用者と介護スタッフが出会ってからの軌跡を文章という形にするのが介護記録です。スタッフが行ったケア内容だけでなく、利用者との関わりから得られた情報を書く必要があります。

充実した記録を書くためには、利用者一人ひとりに注目することが大切です。利用者という“人”全体をとらえるところから介護は始まります。

利用者が、何を望み、何を選択し、どう決めたのか。その考えをよく見いだして「その人らしさ」を尊重し、理解する視点をもちましょう。これがスタッフの観察すべき部分であり、記録に残すべきことなのです。

情報を得るために、よく観察する

介護記録の材料は、観察から得られた情報です。記録を書くときではなく、利用者と関わっている瞬間が肝心です。

観察力はスタッフのスキルの差が出やすい部分です。利用者の言動に常に留意し、気づいたことを有効な情報としてキャッチできるかどうかが重要なポイントになります。

日ごろから記録を書くことを意識していると、観察力や感性を磨くことができ、漫然《まんぜん》と介護サービスを行うことを防げます。

また、ほかのスタッフとの情報共有の大切さを認識しているスタッフは、介護記録がいかに大切なのか理解しています。

観察から洞察へ

「よく気づく」介護スタッフは、利用者の言動や行動を観察する際に、瞬時に洞察を行っています。洞察とは、「なぜこのような行動をとったのか」ということを考え、具体的な行為の中に「意味」を探すことです。

ひとつの物事に対する洞察が、介護業務の合間に自然にすばやく行うことができるかどうかは、「気づき」として、記録に残せるかどうかに表れてきます。

洞察する習慣を身につけることが、スムーズな介護を行うためにも、よい記録を書くためにも大切なのです。はじめのうちは、「ほかのスタッフに伝えておきたい」と思うような気づきや発見を記録に書いてみましょう。

甘いものがお好きな田中さんが、今日はデザートに手をつけてないのはどうしてだろう？
もしかすると左側のものがよく見えなくなってきているのかもしれない！

記録のための観察ポイント

介護スタッフが観察すべきポイントは下の図のとおりです。視覚や聴覚、嗅覚など、五感すべてを活用することが求められることがわかります。

「利用者が～した」という利用者自身が行ったことを記すことも大切ですが、生活環境など周囲の様子も忘れずに観察しましょう。

人の生活は周囲との関係のうえで成り立っているので、そのような視点も重要になってきます。

観察すべきおもなポイント

【本人の様子】

- 全体の雰囲気（楽しそうに…）
- 表情（笑顔で…）
- 目線（うつむき加減で…）
- ヘアスタイル（少し乱れた髪で…）
- 身振り手振り（腰に手をあてながら…）
- からだの動き（右腕を上げて…）
- 話し方（はっきりと…）
- 服装（茶色のセーターで…）
- 姿勢（右に傾いて…）
- スキンシップ（なでた、触れて…）

【周囲の様子】

- 部屋や居間、ホールの様子（きちんと整理整頓されている…）
- 状況（ほかの利用者がたくさんいた…）
- 他者との関わり（Aさんと会話していた…）
- 介護に関する設備（ポータブルトイレに移乗し…）

利用者自身の様子だけでなく
周囲の様子にも目を配ること
が大切！

バックグラウンドを意識した視点をもって観察する

目に見えるものだけではなく、利用者のバックグラウンドを意識して観察することも忘れてはなりません。日々の業務中には、家族や地域とのつながりはあまり見えてこないものです。

しかし、「利用者を含む社会全体を見る」というグローバルな視点をもつよう心がけ、利用者が周囲の社会とどう関わっているのかを吟味することがとても重要です。利用者がよりよく社会参加するためには、介護スタッフとしてどう関わったらよいか考えるようにしましょう。

❷客観的な事実を記録する

見たままの事実を記録する

「客観的」に「事実」を書くことは、利用者と関わり、その中で観察できていることを明文化するために、介護専門職としてどうしてもやらなければならないプロセスです。見たこと、聞いたこと、自分が行ったことを書けばいいのです。

まず❶利用者の様子や言動を書き、そのあとに必ず❷スタッフが関わった内容をセットにするのがコツです。

例 ❶はな子さんが談話室でウトウトしていた。❷「お部屋に行きますか」とスタッフが声かけすると、はな子さんは「そうだね」と言うので、居室までお連れした。

スタッフ（記録者）の想像や憶測をはさまない

介護記録は、利用者と接する中でスタッフが五感で体験した“介護実践の事実”をカタチとして残すものです。あくまでも観察から得られた客観的な情報を記録するもので、あいまいな想像や憶測をそのまま記録には書きません。

利用者の様子としては、外見だけでなく「心の状態」もあります。しかし、心の中を外から決めつけることは難しいので、一般的に介護記録（経過記録）には書かないほうがよいとされています。

ケア検証としての所感は申し送りノートに

公文書である介護記録には、スタッフ（記録者）の私情や所感といった個人的な感情をともなう書き方は避けましょう。私情や所感を書くと、事実とそうでない情報が混在してしまいます。そしてその記録を目にした人は、書いてあることはすべて真実だと思い込んでしまう危険性があるからです。

しかし、私情や所感を記録に書くと誤解を招くことがあるものの、スタッフが抱いた感情の中には、ケアを行ううえで重要な内容が含まれていることもあります。

例 ためらわず、声かけをしておけばよかったと思う。

例 これからは、もっとツネさんの気持ちを考えてケアしようと思う。

上の例は私情や所感ととらえることもできますが、一方で、今後のケアの検証ともいえます。このような情報は、ケース記録ではなく「申し送りノート」などに残し、自身の考えの整理やスタッフ同士の情報交換など、今後のケアの方向性を検討する材料として活用しましょう。

③具体的に書く

ケアを行った状況も具体的に書く

介護記録には、利用者との関わりで得たことを具体的に書く必要があります。

たとえば、利用者から頼まれてタンスの整理を行った場合、「タンスを整理する」とだけ経過記録に書いたのでは、まわりの状況がわかりません。利用者はそばにいたのか、いたのなら介護スタッフは利用者とどんな会話をしたのか、そのときの本人の表情なども具体的に書くことができるはずです。

修飾語を使うとより具体的に伝えることができる

「ヤスジさんはレクに参加し、楽しんでいた」のように、単にだれが何をしたか（主語＋述語のみの文）という行動だけを書いた記録をよく見かけます。これではどのような状況でどのようなことを楽しんでいたのか、利用者の様子が伝わりません。

どのような表情でどのように行動していたのかを具体的に書くことで、利用者の興味、関心などが読み取れます。また、ほかのスタッフが次にその利用者と関わるときの参考にすることができます。

記録を具体的に書くということは、利用者の様子やケアの一部始終を羅列《られつ》することではありません。出来事の中の大切な瞬間をクローズアップして切り取り、情景が浮かぶようにするということです。修飾語を用いると、そのときの様子をくわしく説明することができます。

先ほどの記録を修飾語を使って表すと次のようになります。

例 ヤスジさんは「習字サークル」に参加し、書き上げた「初日の出」という文字をしみじみとながめながら、満足そうに目を細めてほほ笑んだ。

あいまいな表現を避ける

> **例** ❶フミさんを入浴介助し、水分を補給した。
> ❷テツオさんは、夜中何回もコールしてきた。

上記の記録では、どのくらいの量の水分を飲んだのか、何回コールしてきたのかがわかりません。「少し前」「たくさん」などのあいまいな表現ではなく、「２日前」「コップ１杯」など、数字を示すことを心がけると具体性が増します。

> **例** ❶フミさんは午後から機械浴にて入浴した。スタッフは本人のペースでゆっくり入浴できるように、気をつけながら介助を行った。入浴後、食堂にて水分補給のためほうじ茶150ccを飲んだ。
> ❷テツオさんは、「なんだか寝つけない」と話し、１時間おきに５回ほどコールをしてきた。

❹根拠を書く

ケアを行った理由と目的が「根拠」

介護スタッフには専門職として行った介護について、「なぜ」そうしようと思ったのかという理由と目的があるはずです。それらの「洞察・分析→予見・予測→目的」が介護の根拠となります。

気づき→根拠→介護行為の流れ

何に気づいたのか？	どう考えたのか？	どう介護するのか？
［根拠のもとになる利用者の言動］	［根拠（洞察・分析・予測・目的）］	［実際の介護動作］
↓	↓	↓
表情が険しくなり立ったり座ったり	・落ち着きがなくなり不《ふ》穏《おん》状態になる ・気持ちをそらさせてあげたい	お茶に誘う声かけをする

【事例】 フサさんは認知症があり、普段はおだやかだが、徘徊・独語・大声などが見られる。

▼根拠を書かない記録例

例 フサさんに声かけし、お茶をすすめた。

▼根拠を書いた記録例

例 フサさんの表情が険しくなり、立ったり座ったりと落ち着きがなくなり不穏な様子だったので、「フサさん、お茶でも一緒に飲みましょうか。隣に座ってもいいですか」と声かけをした。

「根拠を書かない記録例」は「スタッフの対応」という結果だけを記録しているものです。なぜ、そのケアをしたかが抜けています。

一方、「根拠を書いた記録例」は、利用者の様子の変化を察知して、自分が何をすべきなのかを洞察・分析し、その結果行動（介護）を行ったことを書いてあります。この「感じ取ったこと」「どう考えたのか」という部分が根拠です。

根拠を明確にし、それを情報として残す

日々の業務に追われる介護スタッフは、自分自身の「根拠」を頭の中だけで整理していくのは困難です。介護記録で「見える化」を図ると、文章で自分の行動を整理することができます。

根拠を明確にし、それを情報として残すことは、記録の視点として欠かすことはできません。

また、これは単に自分の業務を整理できるだけではありません。記録に残してあれば、スタッフ同士が互いの記録を読むことができます。自分にはない別の観察視点を発見することにより、自分のケアにいかすこともできます。

関わりの際の気づき
記録の積み重ね
情報の集積と分析検討
支援方法の方向性決定
という流れが大切。

根拠を記すことで介護の公性を保つ

分析・洞察の正解は一つとは限りません。それが人に関わる難しさであり、面白さでもあります。よかれと考えてとった行動が、利用者の希望にはそぐわないことがあるかもしれません。

ただ、介護のプロとして出した答えであれば、それを行動に移し、「根拠」として記録に残す必要があるのです。「根拠」を書くことで、はじめて介護専門職としてのケア行為であることの公性《おおやけせい》（ケアの思考過程を容易に他者が確認できる状態）が保たれます。

❺ケアプランに沿って書く

ケア方針を検討するために、必要な情報を記録する

ケアプランは、利用者の生活課題を、優先度の高いものから立案・作成してあります。介護記録には、この目標に対して、どのように支援したのかを必ず書かなければなりません。

介護記録には、スタッフが行った「介護行為を正確に明文化」していく、という役割があります。文章というカタチにして積み重ねることによって、次の展開を意識した関わり方が見えてきます。利用者の生活支援を行ううえで、さらにこれから先の介護方針を決めるために、なくてはならない重要な情報なのです。

ケアプランの短期目標を意識して書く

介護は生活課題を改善し、利用者が快適に暮らせるようにする取り組みです。毎日、ただ慢然《まんぜん》とその場かぎりのケアをするのではなく、生活の中で目標に対する実施状況と達成状況を確認していく必要があります。

毎日の記録の中にケアプランを意識した内容を書き込むことで、介護スタッフ一人ひとりが利用者のケアプランに自然と注意を向けることにつながります。

利用者との取り組みを中身のある記録へチェンジすることは、スタッフの動き自体を変えていきます。

ケアプランには短期目標と長期目標があります。短期目標はその日から即実施す

べき課題であり、その延長線上に長期目標があります。まずは短期目標を意識しながら関わりましょう。

関わったスタッフが現在の状況を拾い出して意識的に記録に残すようにして、記録の積み重ねからプラン評価へつなげていくという流れをつくっていきましょう。

ケアプラン（Plan）と介護記録（Do記録）の連携で充実したケアに

ケアプランを作成するだけでは、利用者の生活は改善しません。大切なのは、ケアプランに沿って、意図的に関わること、その実際の関わりによる気づきや洞察・分析を記し、振り返り、その後のケアにつなげることです。

そのために、目標を掲げたことをどのように実施しているのか、記録に書いておくことは必須です。このケアプランの目標（Goal）に対して、実施（Do）した支援内容を書いた記録を、“Do記録”と呼びます。

ケアプランと介護記録の連携

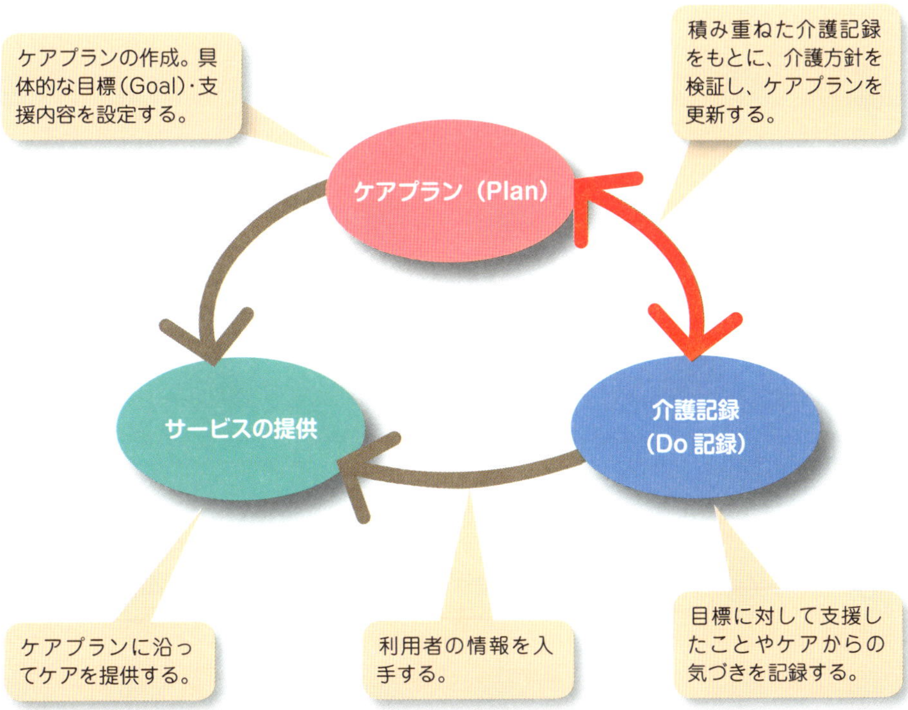
ケアプランの作成。具体的な目標（Goal）・支援内容を設定する。
積み重ねた介護記録をもとに、介護方針を検証し、ケアプランを更新する。
ケアプラン（Plan）
サービスの提供
介護記録（Do 記録）
ケアプランに沿ってケアを提供する。
利用者の情報を入手する。
目標に対して支援したことやケアからの気づきを記録する。

見出しをつけて区別する

介護現場では、ケアプランの目標項目に関わるケアだけを行っているわけではなく、さまざまなことをこなしています。

日ごろの利用者との関わりから、「気づき」を書くことはとても重要ですが、何となく、思いついたことを記録に書いていくと、本来最優先で取り組む必要のあるケアプランに対して、実施状況が残りません。

そこで下図のように、通常の時系列の記録に、「見出し」をつけて記録する方法があります。ケアプランの短期目標について取り組んだ内容については「目標：歩行について」と記入し、整理したうえで、“Do記録”を書くことができます。

スタッフは“Do記録”を書くために、利用者のケアプランを確認する必要性が出てきます。介護記録をつづっているケースファイルの裏表紙など、目につきやすいところに、短期目標だけを拡大コピーして貼っておくのも、確認しやすくするための一つのアイデアです。介護記録の流れにこのプロセスを組み込む方法を、試してみてください。

見出し方式を用いた記録の例

佐藤さんの短期目標

☆転倒せずに歩くことができる

日　時	見出し	内　容	記入者
5月8日 10:20	目標：歩行について	佐藤様がスタッフの手引き歩行で談話室に行った。ご本人も「いち、に」とかけ声をかけて歩いた。転倒、ふらつきなどなく安全に移動できた。	梅沢
5月8日 14:30	目標：歩行について	佐藤様がレク活動で風船バレーに取り組んだ。スタッフは、移動やレク参加の際に腕を支えて歩行介助を行った。「だんだん足が弱って歩くのがしんどいんだあ」と話すので、「そうですね。歩くのは大変ですよね。あせらずにゆっくり歩きましょう」と声かけをした。	梅沢

❻ポジティブな視点で記録する

利用者の「できる」ことを探す

介護スタッフとしては、利用者ができない部分の援助にこそ自分たちの存在理由があるため、社会生活上の障害となっている問題点につい目がいってしまいます。これは福祉的視点といえるのですが、場合によっては利用者のマイナス面ばかりに注目してしまうことにもなります。

たとえば、ひとりでできないことでも、介護スタッフが一緒に行うことでできたなら、それは「できる」というプラス面です。マヒのある利用者なら、「歩行ができない」という障害の部分だけに着目するのではなく、車いすを使えば、「車いすで自走できる」という「できる」側面でとらえることができます。

ポジティブな視点に変えると記録も変わる

アセスメント（課題分析）を行う際、「あれもできない、これもできない」とネガティブな視点に偏ることはとても危険です。「あれもできるかもしれない、これもできるかもしれない」と「できる」というポジティブな視点に変えると、得られる情報や記録の内容が大きく変わっていきます。

その意味で介護スタッフは、ポジティブな視点や発想をもちながら、利用者の生活を意欲的なものへと変化させる力をもち合わせているのだと思います。利用者ができないことだけに焦点を当てた関わりからは、よい記録は生まれないのです。

使用は避けたい否定的な語句の例

〜してしまう。

スタッフの介助を拒否する。

また失敗する。

声かけするのが理解できない。

〜するのが遅い。

文章を組み立てるコツ

介護記録は私的な文章ではなく、「専門的な観察によって得られた利用者一人ひとりの情報の公的な記録」です。
介護記録では、利用者の情報をだれが読んでも正しく理解できるように、次のような点を意識して文章を組み立てましょう。

❶ **5W1Hを明記する**
❷ **結論は先に述べる**
❸ **敬語を多用せず、能動態で簡潔に書く**

ケア内容が正しく伝わる書き方とは

基本は５Ｗ１Ｈ

文章の基本事項「５Ｗ１Ｈ（When： いつ/ Where：どこで / Who：だれが / What：なにを / Why：なぜ / How：どのようにして）」は正しい記録を書くうえでとても大切です。この順番で記録していれば、情報をカタチとして残すという点では、介護職の役割を果たしたといえます。

文章表現に多少自信のない人でも、５Ｗ１Ｈが明記されていれば基本の記録としては合格です。

主語を忘れずに

日本語は会話の際に主語を省略することが一般的な言語です。日常会話では主語を省略しても内容が通じるかもしれません。

しかし、介護現場の記録物は、さまざまな立場のスタッフや利用者の家族が読むものです。だれが読んでも情報が正しく伝わるように、主語と述語を明確にする必要があります。

文章を簡潔にする

介護記録を記す場合は、原則として文章は簡潔にまとめることを心がけましょう。文章が長くなりすぎると、意味が読み取りにくくなります。

簡潔にするためには、接続詞をなるべく使わないことです。もし接続詞が必要になったら、そこで一度文を切ります。

また、新しい話題に入るときや前の内容をさらにくわしく説明したいときには、改行すると読みやすくなります。

先に結論を述べてから

記録文や報告文では、最初に結論を書きます。文章の間に長い説明文が入ってくると、間延びした感じがして、とても読みにくくなってしまうからです。説明が長くなりそうなときは、まず「だれが何をした」という結論を先に書き、それに続けてくわしく説明するようにしましょう。

能動態で書く

「今朝、ハルオさんに庭を散歩していただきました」のような表現を見かけます。尊敬語のつもりで使っているのですが、受動態になっていることがあります。受動態ではなく、「今朝、ハルオさんは庭を散歩しました」と能動態で書くと、主体がハッキリして内容がわかりやすくなります。「(利用者) が～しました」など、自身で行ったことを書きます。

介護記録では主体者である利用者について記録しているのですから、能動態の文章表現になるように工夫しましょう。

「思う」「思います」を多用しない

文末に「思う」「思います」という言葉を連発している記録を見かけます。こう書くと自信のない文章に感じられ、事実関係もあいまいになってしまいます。

「～です」「～だった」「～しました」と文末をしっかり締めると、記録の事実性が増します。

「～です」「～だった」と文末をしっかり締めるようにしましょう。

専門用語や記号・略語の使い方に注意する

利用者本人や家族など特定の個人（第三者）が介護記録の開示を希望すれば閲覧できます。閲覧したときに、専門用語の意味をたずねられることがあるため、専門職として、用語の意味を説明できるようにしておきましょう。自信がないときは、介護用語辞典などで調べておきましょう。

経過記録への記号・略語の使用は、本当はふさわしくありません。記号・略語は全国的に統一されたものとは限らず、施設ごとのオリジナルの場合があるため、公文書など正式な書類には適しません。近年、このような記録への記号・略語の使用により誤解を招き、クレームが発生するケースもあるので注意が必要です。

敬語はなるべく使わず、端的な文章に

「利用者はお客様なのだから、介護記録で敬語を使うべきでしょうか」という質問が寄せられることがあります。たしかに、利用者を「サービスを提供するお客様」ととらえることもできます。

しかし介護職は、ケアを提供するプロとして、緊迫した状況下で利用者の生命を守るという責任も負っています。介護記録は利用者に対する文書（連絡ノートなど）ではないので、敬語はなるべく使用せず、だれが読んでも的確に情報が伝わる端的な文章にするべきでしょう。

敬語を使用することが間違いということではありませんが、プロの記録として、あまり手紙文のようにならないように気をつけて書きましょう。

文章をくわしくする修飾語を使う

文章に主語と述語は必要です。ただ、「主語＋述語」だけでは、何とも味気ない表現になってしまいます。「記録を書くときのポイント❸具体的に書く」（▶ P55）でも書きましたが、内容をより具体的に表現するには、修飾語が必要です。修飾語がある文章は、あとから記録を読み返したときに、とてもリアルにその様子を読み手に伝えることができます。

記録を充実させるまとめ方

ここでは、一般的な介護記録の書き方から、介護現場にいかせそうな一歩進んだ二つの記録方式を紹介します。

❶ **SOAP（POS）方式**：医療現場で一般的に用いられている方式で、主観的な情報（S）・客観的な情報（O）・評価（A）・計画（P）で構成する

❷ **エピソード型記録**：利用者とのコミュニケーションを中心に生活の様子を記載していく方式

どちらの書き方もコツをつかめば、より充実した記録を残すことができます。

❶SOAP（POS方式）

問題志向型のケアを展開するために

介護は「計画→実施→観察・評価→改善」というプロセスに沿った行為です。このプロセスを基本として利用者と向き合うことで、利用者の状況変化に意識を向けながら関わることができます。

つまり、このプロセスを基本とすることで、問題や課題を明らかにし、それに対してどのように取り組むのが効果的かという「問題志向型」のケアが展開されます。

利用者の課題をクローズアップし、スタッフ間で情報を共有しつつ業務にあたるための介護記録の書き方として、POS方式というものがあります。POS方式とは、SOAPで整理して簡潔に記録する書き方です。SOAPとは「主観的な情報（Subjective）、客観的な情報（Objective）、分析・評価（Assessment）、計画（Plan）」の略で、スタッフがどう分析し、どう関わっていくのかという介護方針までを考えて記録します。

SOAPの書き方とは

たとえば、以下のような場面に遭遇したとします。

【トイレ介助の場面】
S（主観的情報）「トイレに行きたい」という訴え。
O（客観的情報）利用者の様子。排泄の結果。
A（分析・評価）過去の排泄記録から便秘気味と判断。
P（計画）今まで以上に、水分補給とトイレへの声かけが必要。

これをSOAPの介護記録にすると

（S）花子さんからナースコールあり。居室にうかがうと「トイレに行きたい」と話す。（O）少々苦しそうに顔をゆがめながら、下腹部をさすっている。車いす介助にてトイレに行き、しばらく座るも排尿・排便なし。（A）３日前の夜から排便を確認していない。便秘で腹部が痛み始めていると考える。（P）今まで以上にこまめな水分補給とトイレへの声かけが必要。看護師に連絡した。

のようになります。

SOAPとは

S（Subjective） 主観的な情報	利用者自身の言動（要望・訴え・相談など）
O（Objective） 客観的な情報	介護スタッフが観察した利用者の様子 （出来事・バイタル・検査値など）
A（Assessment） 分析・評価・選択・洞察・検討	「S」や「O」の情報を分析した判断・調整の必要性
P（Plan） 計画	「A」に対して今後はどういう方向性でケアを展開していくのかという、介護方針や方法

あらためて説明すると難しそうに見えますが、行為自体はスタッフがプロとして毎日自然に行っている介護行為です。それを文章に整理するかしないかというだけのことです。

文章で「見える化」することによって、あらためて利用者に対して適切な介護方針が明確になります。

今まで介護スタッフは、その専門性が十分に発揮されず、他職種との関係性においても、周知されていない部分が多くありました。SOAPを意識して記録に残すことで、今まで表面化されにくかった介護スタッフの考えを形にすることができます。

❷エピソード型記録

生活の様子やコミュニケーションを記録する

介護記録には「生活の様子」を丁寧に書いておきたいものです。利用者一人ひとりの日常生活の様子を、ぜひ記録に書いてください。

業務中には、利用者とさまざまな会話をかわします。また、スキンシップをとっているときの様子、利用者が見せてくれるさまざまな表情。これらは重要な意味をもつ情報になる場合があります。

認知症のある利用者の場合、会話の内容が事実かどうか疑わしいことがあるものの、話をしているときの表情や声のトーンなどは、貴重な情報源となります。

また、利用者の様子だけではなく、家族の様子、ほかのスタッフとのやりとり、利用者同士の会話など、あなただけが気づく出来事（エピソード）があるはずです。

利用者の生活に密着したそれらの記録は介護スタッフにしか書けません。

データのみの記録とエピソード型記録の比較

データのみの記録とエピソード型記録の例を読み比べれば、どちらのほうが利用者の生活の様子が見えてくるかおわかりになると思います。

データのみの記録

昼食は主食2/3、副食全量摂取。

午後3時にお達者体操に参加。

エピソード記録

見出し	本人の様子・言動
好きなおかずで食欲戻る。	昼食は主食2/3、副食（焼き魚・野菜の煮付け）全量食べる。 朝食時は食が進まなかったが、「大好きな鮭だ」と笑顔ではしが進んでいた。
お達者体操に車いすで参加。	スタッフの動きを見ながら、健側《けんそく》の右腕だけを大きく上げたり、右ひざを持ち上げたりしていた。

他のスタッフと共有したいと思った出来事から記録する

前日と変わらないと思っても、利用者は日々変化しています。その人らしい何気ないエピソードを介護記録として積み重ねていくことで、利用者の行動や様子の変化が読み取れるものです。また、記録したときには気づかなかった生活習慣やこだわりが見えてくることもあります。

「エピソードといったって何を書いたらよいのかわからない」と思う方は、利用者と関わるなかで、ほかのスタッフと最も共有したいと思った出来事をまずは書いてみましょう。

あなたが書いたエピソードは、利用者の生活への思いを「見える化」するとともに、利用者にとっては歩んできた人生・足跡そのものなのです。エピソード記録には「ナラティブ性（物語性）」があるというのはそういう意味です。

記録を実践にいかすために

介護記録をその後のケアにつなげるために、次のようなポイントに注意して記録を残しましょう。

❶ 利用者をしっかり観察し、「記録を活用しよう」という視点で書く
❷ 自分で気づいた利用者の変化や様子を「ほかのスタッフにも教えてあげたい」という気持ちで記録する

適切なケアにつながる記録とは

記録をケアに活用しようという視点でとらえる

介護記録があったとしても、書きっぱなしでは、介護記録を書く意味をなしません。それをケアにいかしてこそ、記録の存在意義があるのです。

ケースカンファレンスや担当者会議などで情報の確認が必要になったとき、介護記録によって利用者の状況を確認し、具体性のある意見交換を図ることができます。また、自分はその関わりの場面でどのように思ったか（分析）、ということも記録しておくことで、これからのケアの方向性を考えていくことができるのです。

介護の専門性の向上は経験年数によるものだけではなく、いかに探究心をもち、意識的に仕事に向き合うかによっても左右されます。つまり経験則の少ない新任スタッフでも、利用者をしっかり観察し、ありのままを介護記録に書き、自らの記録だけではなくほかのスタッフの記録も読み返す。そして検討すべき課題をそこから見いだしていき、その後の介護方針や方法に反映させていけば、どんどん成長していくことができるはずです。

記録は決して無駄にはなりません。苦労して書いた記録は、必ず今後の糧になります。たとえ文章を上手に書くことができなくても、「記録を活用しよう」という視点でとらえれば、書きたいことがたくさんあることに気づくでしょう。

Column

メモする習慣をつけよう

●メモ帳を持ち歩くのがおすすめ!

介護の仕事を行っている最中に記録を書くのはとても難しいことです。そのため、一定の時間が経過してから、記録するための時間をつくって書くというのが実状です。

ところが、いざ介護記録を書こうとしたときに、記憶があやふやになっていて、正確に書けなかったという経験はありませんか？　業務の瞬間は覚えていたことでも、数時間たってしまうと事実関係があやしくなってくるものです。そこで、メモ帳を持ち歩き、記録すべきことを見つけたら、すぐにメモをとることを習慣づけると、介護記録を書くときにおおいに役立ちます。

●メモから正確な情報を確認する

介護業務中は忙しいため、記録をつけるのはあとになってしまうのは、今のケアシステム上、やむをえないかもしれません。ただ、あと回しにしたことで介護記録の内容があいまいになってしまったら、施設にとっても大きなマイナスです。介護記録の内容を正確なものにするためにも、「メモをとる」ことは非常に大切になります。

●メモは箇条書きやキーワードでOK

メモには長い文章などを書く必要はありません。箇条書きや重要なキーワードだけを記しておき、これを頼りに、記憶のあいまいな部分を補い、正確な記録を書くようにしましょう。

メモと記録の簡単な練習方法があります。自宅でニュースを見ているときに、アナウンサーが話すことを聞きながらメモをとります。そして、そのメモをもとに、記録として全文を要約して書いてみます。すぐにできるトレーニング法なので、ぜひ一度試してみてください。

メモをとる習慣は毎日の積み重ねからです。ぜひ明日から取り組んでみましょう。

第3章

使える文例が必ず見つかる!
場面別文例集

施設で

送迎（デイサービス）

送迎時の様子は介護支援専門員も把握できない利用者の素顔です。記録に積み重ね、そのあとの情報共有にいかしましょう。

記録のための観察ポイントとメモ例

お迎え時の本人の様子はどうか

- お迎えに行くと、まだ起床したばかりで、パジャマのまま玄関に出てきた。
- 朝のお迎えのとき、支度を整えて玄関に座って待っていた。

スタッフや他利用者との関わりはどうか

- 隣に座った他利用者と、いろいろな昔話をしていた。

乗降の方法はどうか

- 両手で車の手すりにつかまり、ゆっくりと右足から自力で乗車した。

車内での様子はどうか

- 移動中に「気分が悪い」と言っていた。
- 何もお話しにならないが、おだやかな笑顔だった。

家族との会話、家族からの連絡事項はあったか

- 「金曜はお休みする」と、長女から伝言があった。
- 8時に、長女から電話連絡があり、山田さんが体調不良のため利用を休んだ。
- 送迎の際に、スタッフが「今日も楽しそうに過ごされていました」と伝えながら、連絡帳をご家族に渡した。

*家族については「家族への対応」（▶ P158）も参照

よくない事例

5月15日	記録内容
8:30	お迎えの時間を❶**勘違い**され、朝食中だった。❷**あらためて迎えに行く手配をした**。 「勘違い」と書く必要はない 再度迎えに行くようになった経緯も書く
9:00	❸**二度目に迎えに行くと、リュックを背負い、靴を履こうとしているところだった**。 再度迎えに行ったときの状況・様子をもう少しくわしく書く

改善

よい事例

5月15日	記録内容
8:30	玄関から「おはようございます」と❶**声をかけたところ、朝食を食べているところだった**。「お邪魔します」とあがらせてもらい、持ち物（薬と着替え）の確認をする。スタッフが「山田さん、まだ食事中なのね」と声かけすると、❷**「もう来たのかい」と言いながら、急いで食べようとするので、「もう少ししてから、また迎えに来ますから、ゆっくり召し上がってください」と伝えていったん失礼した**。 施設に電話を入れる。
9:00	❸**他利用者3名を先に迎えに行き、再度山田さんを迎えに行く。山田さんは、着替えと薬の入ったリュックを背負い、玄関で靴を履こうとしていた**。「昨日の夜も食事をせずそのまま寝てしまい、今朝は数口だけお茶漬けを食べた。体調は悪いということはないが、食べたくない。おなかが空いているくらいが調子もいい」と話す。 食後の服薬を確認し、送迎車にご乗車いただいた。

送迎　基本文例

観察ポイント

乗車のとき

> 車いすか、杖使用か、介助歩行か、自力歩行か

- 職員が本人の左わきを支えながら、室内から玄関先まで移動する。玄関ポーチの手すりに右手でつかまり、つたいながら安全に乗車した。
- 杖を預かり、右**患側**《かんそく》背部より介助し、**健側**《けんそく》（左）から足を上げてもらった。また、「段差があります。手すりをしっかり持って、気をつけてご乗車ください」と声かけした。
- 山田さんは、はじめてのデイサービス利用。車いすのリフトに乗ると不安そうな表情だったので、送迎スタッフが「車いす、しっかりと固定しましたよ」と声かけする。山田さんは黙って緊張したまま返答はなかった。

> 身体機能の変化はどうか

- 先週に比べ、今朝はすり足歩行で足の運びが悪い*ので、乗車時は両手引きで歩行介助を行う。

  *以前との違いに気づいたときは必ず記録する

> 適切な声かけを行ったか

- 乗車時、車の上部に頭をぶつけそうになった。毎回、「頭をお気つけください」と声をかける*ようにし、頭の上に手を添えて乗車していただくように注意する。

  *危険回避にはどのような声かけが必要かいつも考える

車内での様子

> 体調は悪くないか

- 山田さんが、車中でずっとお話をせず、うつむいているので*、スタッフが「大丈夫ですか」と尋ねると、「ちょっと眠いだけ」と話した。

  *車内で体調を崩していないか、つねに気を配る

- 乗車直後、急に腹痛の訴えがあった。施設と長女に至急連絡を入れる*。長女から「近所なので連れてきてほしい」との意向があったため、すぐに戻り、長女に対応いただく。長女が主治医に受診すると話す。

  *送迎中の急病人や事故の際の対処法は決めておく

介護用語　患側：マヒや障害などがある部位側のこと。
健側：マヒや障害などがない部位側のこと。

利用者同士の関わりはあるか

- いつも隣に座る佐藤さんが今日の利用はショートステイのためお休みだと伝えると「それは残念。あの人は楽しい人だからね」と山田さんが言った。

車内ではどんな会話をしているか

- 窓から外の景色を眺めながら、山田さんが「雲ひとつない真っ青な空。秋晴れだね〜*」と話していた。きれいな景色を車窓から見て、いつになく表情がよく、目もぱっちりと開いている。

  *まわりの景色で季節を感じていることがわかる

- 送迎車に同乗している職員に「あんたはどこまで帰るんですか」と、2回聞いていた。

降車のとき

安全に気配りしているか

- 送迎車の乗降口に置いた踏み台を利用するように声かけしながら、踏み外すことがないように気をつけて前方から降車の介助をした。
- シートベルトを自分で外し、降車した。園の玄関からは持参の歩行器を使い、スタッフの見守りでホールまでゆっくりひとりで歩行した。

UMEさんのひとことアドバイス

介護とは利用者をとりまく生活や環境全体をケアすること

介護スタッフは、利用者本人との関わりを大切にしてケアをするのは当然です。ただ、利用者だけに注目していると、その人の生活している環境や人間関係に目がいかなくなります。

よりよいケアをするためには、「利用者個人を含む社会全体を見る」という視点をもつように心がけるべきでしょう。利用者が周囲の社会とどのように関わり、環境をどのように感じているのか、本人をとりまく生活全体を観察して記録することにより、ケアの質がアップするはずです。

送迎 応用文例

お迎えのとき

- 山田さんは、家の前の庭で、縁側に座って待っていた。「娘が天気がいいって言うから外で待ってたけれど、寒かったわ～」と話す。

- 利用開始から1か月車いすでの乗車を行うが、歩行機能が安定してきたため*、**カンファレンス**で検討し、本人、娘さんに「リハビリのため、歩いて乗車してみましょうか」と話す。スタッフが両手を引き、娘さんが後ろからお尻を支え、山田さんは歩いて乗車した。

  *利用者の全身状態を観察して、安全を確保することが第一

- 山田さんのお宅で改装工事が始まった。そのため、玄関に段差ができ、山田さんがつまづきそうになった。工事中は安全確保のため、歩行介助の必要があることをスタッフに申し送る。

- 雨が強かったので、山田さんに雨ガッパを羽織っていただいた*。傘をさしかけていると山田さんは「すごい雨だね」と話す。乗車時にスタッフが「ぬれていて、すべりやすいので気をつけてくださいね」と声かけする。

  *天候によって、いつもと様子が違う場合は記載する

- 家族がすでに外出し、ひとりでいるところへ迎えに行くと、山田さんは「今日は行きたくない」と話す。「どうしましたか」とスタッフがうかがうと、「家が心配だ」と返答する。「しっかり鍵をかけていくので大丈夫ですよ」と言うと、「いや、信じられん。行かん」と、何度かスタッフと会話をし、息子さんから「安心してひまわりデイセンターに行っても大丈夫」とスタッフが告げられた旨を伝える*と、安心をとり戻し乗車された。

  *本人の訴えにどのように対応したのかをくわしく記録する

- 道路に止めた車のところまで、山田さんが息子さんの話などをしながら、スタッフの見守り介助でゆっくりと歩いた。車の場所に着くと、少し息を弾ませていた。

介護用語 カンファレンス：利用者の介護に関わる関係者が集まって開く会議。

車内での様子

- 送迎の道中、山田さんが公園に桜の花が咲いているのを見て「きれいだなぁ」と話していた*。

*利用者が何かに気づき、それに反応していることも記録に残す

- 山田さんは、車内から、見送っている妻に手を振って「行ってくるぞ」と大きな声で挨拶していた。園に到着後は車いすに**移乗**してもらい、ホールまでスタッフが介助した。

- 車の中では知人の話などをして、次のA氏の自宅に到着する。A 氏が車に乗ってくると、天気のことなど話しかけていたが、A 氏の返答がはっきりしないため、会話が途切れがちだった*。

*利用者同士の会話で得た介護に有効な情報を記録する

- 山田さんは、車内で持参した袋からお菓子を出し、乗車している他利用者へ配り始める。食事制限の方もいるため、その旨を伝え、ご理解をいただく。娘さんから「おなかの調子が悪いので昼食はお粥《かゆ》がいいと思う」との話があった。本人に「昼食は、お粥とやわらかいおかずの準備もできますよ」と伝える。本人は「お粥さんはおいしくないのでいらんわ。いつものようにごはんがいい」と話す。

帰宅したときの様子

- リフト車に車いすのままお乗りいただいた。家の近くまで来ると「お〜家に着きました〜」と話す。車いすのまま室内に入り、スタッフの介助にてベッドに横になる。脱衣介助を行い、山田さんに布団をかけて退室した*。

*送ったあとの介助の様子も記録する

- 山田さんは帰りの車内では静かに車いすに座っている。車外に出ると、強風のため首をすくめていた。玄関の外までお嫁さんが出迎えており、山田さんを玄関内まで歩行介助している*。入所中は折り紙などをして過ごしたこと、排便があったことをお嫁さんに口頭で報告した。

*家族とのコミュニケーションの様子を書く

介護用語　移乗：ベッドから車いす、車いすからいすや便座へ乗り移ること。

施設で

食事

食事の様子からうかがい知れる、利用者の心身機能や状態、食べることへの楽しみ・満足感を記録に残しましょう。

記録のための観察ポイントとメモ例

食事前後の様子はどうか

- 「いいにおい。おいしそう」と話し、食事を楽しみにしている。

食欲はあるか

- 主食（ごはん）2／3、副食（焼き魚）とみそ汁を全量摂取した。
- 好きなホワイトシチューを半量残しているので、「食欲ありませんか」と声かけをする。

食事中の様子はどうか

- 同じテーブルの利用者とニュースの話題で談笑しながら食べていた。
- 手前にある同じ粥《かゆ》のみを食べるので、配置を移動する。
- 自身ではしを使用し上手に食べる。

食事の形態は適切か

- 先週から、刻《きざ》み食を開始する。
- このごろむせ込みがひどいので、みそ汁にとろみをつけた。

スタッフの介助内容は適切か

- 自身で食事を始めるが、途中で手が止まるので、声かけし介助を行う。

そしゃく・嚥《えん》下《げ》に問題はないか

- むせることなく、食べた。
- 何度かむせ込みがあり、スタッフがタッピングを行った。
- 昨日よりもうまく嚥下できていた。
- 嚥下がうまくできず、口腔内に多量の残《ざん》渣《さ》を確認する。

(よくない事例)

5月20日	記録内容
12：00	鈴木さんは❶**食欲がない様子だった**。❷**途中でスプーンを置いてしまった**。 スタッフの推測で「食欲がない様子」と書かない。 本人の言動（発した言葉や動作）などの状況をもっとくわしく書く。 ❸**主食2／3、副食2／3、汁全量摂取**。途中からスタッフが介助。 食事量だけでなく、具体的な食材も書く。重要なのは量ではなく、嗜好を知ること。好きな食材なのに残すということは、そこに重要な理由が潜んでいることもある

改善

(よい事例)

5月20日	記録内容
12：00	鈴木さんの体調・表情はよい。❶**はじめは「食欲がない」と話していたが、配膳された昼食をゆっくり食べ始める**。 ❷**しかし、スプーンがうまく使えずイライラして、「ごちそうさま」とスタッフに話し、スプーンを置く**。 スタッフが「一緒に食べましょうね」と声かけし、❸**介助にて主食のごはんを2／3、副食の焼き魚とみそ汁を全量食べた**。

食事 基本文例

観察ポイント

食事中の様子

食事のときの姿勢や体調はどうか

- 食事に時間を要するようになり、長時間の座《ざ》位《い》保持は疲れて右に倒れかかっている*ので、いすと体幹の間にクッションを当てて座るようにした。

  *どんな体勢で食事をしているのかも記録する

- 今日は右手の動きが悪く、口までスプーンを運ぶのに時間がかかる。
- お尻がすべり、上体が反ったため、前傾になるように座位姿勢を直した。
- ズボンの生地がすべりやすい素材だったため、食事の途中で車いすからずり落ちて姿勢が崩れる。
- ベッドの角度を45度に**ギャッチアップ**して、食事介助を行った。
- 鈴木さんは3日ほど前から*、周囲を気にするなど不安を訴え、落ち着かない様子。食事中にいすにジッと座っていることは少なく、何かを見つけては立ち上がり、小走りに移動するため、転倒に注意が必要。

  *「最近」など使いがちだが、「3日ほど前」のように、できるかぎり具体的に書く

そしゃく、嚥《えん》下《げ》の状態はどうか

- みそ汁でむせることが多くなったため、嚥下体操をとり入れ、食事方法を再検討する。
- 鈴木さんは「おいしいです」と話し、スプーンでゆっくりと口へ運ぶが、なかなか嚥下できずに、左の頬《ほお》をいっぱいにして少しずつ召し上がる。

使用する食器、はし、スプーンなどは適切か

- 15時のおやつに乳酸菌飲料をお出しする。2、3度、口までストローを持っていくがテーブルに置くので、中身をカップに移すと、全量スムーズに飲んだ。

介護用語 ギャッチアップ：電動式ベッドの上半身にあたる部分を起こすこと。

食事の内容・分量について

利用者や家族の意向を考慮した食事形態や内容になっているか

- 鈴木さんが「お粥《かゆ》は好きだけど、カレーのときだけはごはんにしてほしい」と話す。ご家族に同意を得て*、ケアマネに確認し調理師に伝える。

*家族の同意を得ること、それを記録に残すことも必要

- 鈴木さんがひとりで昼食をとる。スプーンを持つが、おかずの鶏肉やシイタケがすくいにくく、素手で召し上がる。デザートの羊かんも、何度もスプーンで落としそうになり、素手を使う。「お手伝いしましょうか」と声かけをするが、頭を横に振り、時間をかけながらも自身で召し上がる*。

*食事に対する欲求、自力で行う意欲があることを記録する

利用者のレベルに合った適切な食事形態になっているか

- 誤《ご》嚥《えん》の兆候が見られるため、ケアカンファレンスで検討を行い、とろみ食へ変更した。
- ペースト食でメニューが見た目ではわからないため、「次はお肉ですよ」と、ひと口ごとにおかずの内容を知らせながら食事介助を行った。
- 本人の意思表示は確認できないが、「お食事の時間ですよ」と声をかけながら胃ろうの準備をした。

利用者の健康に配慮された適切な食事になっているか

- 鈴木さんが「食欲がない」と話す。スタッフが「食べられるぶんだけにしましょう」と声をかけた。
- 鈴木さんが、朝食時に飲み込みが悪かったとの申し送りがあったので、昼食時の嚥下状態を観察し、むせ込みなどなくスムーズに食べたことを確認した。鈴木さんは、「このお煮しめ、おいしいね」と話し、昼食を全量食べた。
- スタッフが鈴木さんの体調不良の様子を確認し、看護師に報告する。看護師から「昼食は無理をせず、ベッド上でとるようにしましょう」との指示があり、居室で介助する*。リンゴをひと口食べたところで「もういりません」と訴えがあり、中止した。

*だれからの指示での変更かも記載する

食事中の様子

- 鈴木さんはスプーンを思うように使えず*、お皿をたたいて、イライラした表情をしていた。

*利用者の様子で気づいたことを書く

- 鈴木さんは居室から食堂まで杖歩行にて移動する。スタッフが患側《かんそく》に付き添い、歩行の見守り介助を行った。席に座ると、鈴木さんはゆっくりと時間をかけて、自身で食事をとった。スタッフは誤嚥《ごえん》などがないように、そばで見守りを行った。

- 昼食を配膳すると、右手でスプーンを持ち、ごはんを茶碗半量とおかずの煮物半量を食べた*。みそ汁はお椀を右手で持ち、すすったあと、具をスプーンですくおうとしたがうまくすくえなかった。残りはスタッフが介助し、全量食べた。

*できないことだけではなく、「できること」を記録する

- 今日はうまく飲み込めない様子。スタッフが「かぼちゃは嫌いですか」と聞くと、鈴木さんは「好きなんだけど」と話す。お茶をすすめて「ごっくんとできますか」と聞くと、鈴木さんは動作をまねながら上手に飲み込む*。そのあと、嚥下《えんげ》状態は良好だった。

*スタッフの声かけとそれに対する利用者の反応を簡潔に書く

- 鈴木さんは「あまり食欲がない」と話し、ゆっくり食べ始めた。ごはんをふた口、おしんこを2枚食べたあと「疲れた、ごちそうさん」と言い、おはしを置いた。

- 鈴木さんが「うまく食べられないねえ」とスタッフに話した。食器を上手に使用できないストレスから、食卓に楽しく向かうことができないため、食事形態と使用しやすい食器・用具の選択について検討が必要である。

- 食べ始めて5分ほどすると、スプーンを持ったままぼんやりとしていた。スタッフが**「どうしたの?」**と声をかけたが返事はなかった。その後も食事が進まないようだったのでスタッフが介助を行い、ごはん2/3、副菜1/2を食べた。

言い換え表現「どうしたの?」

- 「食欲がありませんか?」
- 「なにか気になることがあるの?」
- 「疲れちゃった?」
- 「どれを召し上がりますか」
- 「○○は好きじゃなかった?」
- 「お手伝いしたら食べる?」

- ごはんばかり食べているので、スタッフが「おかずやみそ汁も食べてみませんか」と声をかけ、器の位置を少し右に移動した*。すると、鈴木さんは、おかずも食べていた。

*介助の際に工夫したことは記録しておく

食事の内容・分量について

- 食事介助を行う。スタッフが声かけするが、鈴木さんは自力で召し上がろうとせず、スプーンを持とうとしなかった。「お手伝いしましょうか」とお聞きし*、スタッフの介助にて全量食べる。

*食事が進まないときは、食欲がないという以外にも、疲れてしまった、気分がのらないなどさまざまな理由がある。どのような声かけによって気持ちが変化したのか書いておくとよい

- 食事を配膳し、食堂にお誘いした。鈴木さんは、おはしを持ち、みそ汁をすくうが口に運ばず、ご飯にかけている。その後は自身でスプーンを使用し食べた。

食事に関するトラブル

- 鈴木さんは、食事内容を見渡して「何だかわからないものは食べられない！」と大きい声で話す。「これは何でしょう、人参でしょうか?」「これは甘いかしら?」などと声をかけながら介助する*と、口を開けて食べ始めた。

*どのような声かけに反応がよかったかを書いておくと、その後の食事ケアに役立つ

- 鈴木さんが食事途中に嘔吐《おうと》する。介護スタッフが容態をうかがうと、体調が悪いとの訴えがあったため、看護師へ申し送り、鈴木さんを居室へお連れする。ベッドを少しギャッチアップし、安楽な体勢を確保する*。

*どのように対処したか具体的に記録しておく

- 鈴木さんが汁とお茶で少しむせたが、本人のペースでゆっくり飲まれる。
- 食事中、ゴマあえがのどにつかえて*咳《せき》をしたので、スタッフがすぐに**タッピング**を実施し数分でおさまる。その後飲み込めたが、引き続き様子を見る。

*どのような食材がのどにつかえたのか、しっかり書きとめておく。

介護用語 タッピング：手のひらをカップ状に丸め、背中を軽くトントンと叩くこと。気道に詰まった分泌物の排出をうながす。

施設で

入浴

入浴は普段よりも体調変化のリスクが高まります。健康管理には十分な配慮が必要です。また水回りでの介助は、事故の危険も起きやすい場面です。

記録のための観察ポイントとメモ例

表情・動作に異常はないか

- 浴そうに入り、リラックスした表情をしていた。
- 浴そうの中では、ニコニコして鼻歌を歌っていた。
- ときどき不安そうな表情をしていた。

入浴の意思はあるか

- お風呂がお好きな方なのに、「今日は気が進まない」と話したので、「どこか具合が悪いのですか」とたずねた。

健康状態はどうか

- 右ひじに赤い擦《さっ》過《か》傷《しょう》があった。
- 入浴前の体調は良好。

安全は確保できているか

- 浴そう縁の手すりにつかまり、浴そう内に背をつけ、両足を浴そうの底につけた座《ざ》位《い》を保っていた。

入浴形態、湯温、室温は適切か

- リフト浴で入浴した。
- 「熱いお風呂が好きなんだ。ここのお風呂はぬるいね」と話した。

必要な介助は何か

- 衣服の着脱・入浴ともに、全介助で行った。
- 左片マヒがあるが、右腕以外すべての部位を本人が洗った。

（ よくない事例 ）

7月20日	記録内容
10：30	入浴前はいつもと❶**変わりなし**。安全を確認しながら、 「変わりなし」という表記ではなく、変わりなくどんな様子なのかを具体的に書く ❷**介助を行った**。 全介助だったのか、部分介助だったのかもわからない書き方をしない
11：00	入浴後に、❸**水分補給をした**。少し疲れている様子。 何をどのくらいの分量飲んだのか記録する

改善

（ よい事例 ）

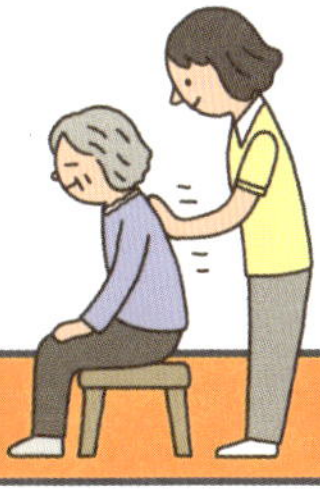

7月20日	記録内容
10：30	❶**入浴前のバイタルサイン：血圧132/80mmHg、脈拍67回／分、体温36.4度で異常なし**。「大好きな風呂の時間だね。体調はいいよ」と笑顔で話す。介助にてゆっくりと服を脱いだ。 ❷**本人がタオルで顔をふき、体幹の前面をタオルに石けんをつけて洗った。それ以外の部位と髪をスタッフが洗った**。湯船につかると「気持ちがいい。ずっと入っていたい」と笑顔で話していた。
11：00	❸**入浴後にスポーツ飲料をすすめると、コップ1杯分（150mL）を飲み**ながら、「長湯をしたかな。少し疲れた」と話した。

入浴 基本文例

観察ポイント

入浴準備

入浴前後のバイタルチェック「血圧・脈拍・体温」は基準内か

- 入浴前の血圧が140/90mmHgといつもより高め。深呼吸してもらい再度測ると通常の130/80mmHgだった。念のため看護師に入浴の可否の判断をあおいだ。

皮膚の異常はないか

- 右手首に青い色のあざがあったが、本人に確認すると痛みはないとのこと。

表情や気分、体調はどうか

- スタッフが「お風呂の時間ですよ」と声をかけるが、眉間にしわをよせた表情で「今日は入らん」と話した。
- 脱衣時、立位保持が不安定なため、今日は**中間浴**にした。
- 「今日は暑いので、シャワーだけですませたいのだけど*」と本人が話した。いつもは湯船にも入るが、今日は入らなかった。 本人が洗身、洗髪し、全身のシャワー浴を行う。スタッフは見守りを実施。

  *そのつど本人の希望する入浴法を確認する

入浴中

体の痛み、動きの悪さ、のぼせ、貧血の様子はないか

- 本人、左ひざがこわばりうまく曲がらないと話し、しゃがむことができなかった。
- スタッフがわきの下を洗おうとして右腕を肩の高さまで持ち上げたところ、顔をしかめた。スタッフが「どこか痛いですか」とたずねると、「肩が少し痛む」と言った*。

  *入浴中の気づきをその後の介護にいかす

- 浴そうの縁をまたごうとして、右ひざを縁にぶつけた。痛みがないか本人にうかがい、異常ないことを確認する。1か月前ほどから、頻繁につまづくことがある。
- 本日から仰《ぎょう》臥《が》位《い》の機械浴。はじめての機械浴で何が起こるかわからず落ち着かない様子なので、スタッフが左手で田中さんの手を握り、右手で体にお湯をかけながら「大

介護用語 中間浴：入浴用のリフトや車いすを使って、座位の状態で入浴すること。

丈夫ですよ」と声をかけた。

表情や気分はどうか。

- 湯船に浸かりながら、「腰がだるかったけど、お風呂であったまったら少しやわらいだよ」とうれしそうに話した。
- 入浴中に顔が赤くなったように見えた*ので、「お湯は熱すぎませんか」と声かけした。

*顔色には体調の変化が現れやすいのでよく観察する

- 体洗時に便失禁があったので、シャワー浴にした。
- 浴そう内で右に倒れ気味になってしまい、座《ざ》位《い》が保ちにくそうだった。
- 長風呂を好むようで「もうそろそろ出ましょうか」とスタッフが言うと、「もう少し」と田中さんが言い、なかなか出ようとしなかった。

入浴後

入浴前後のバイタルチェック「血圧・脈拍・体温」は基準内か

- 入浴後、脱衣場で立ちくらみを起こした。スタッフが田中さんを車いすで移動し、看護師がバイタル計測を行い、処置をした*。本人が朝食を食べずに、インスリンを打ってきたと話している。

*他専門職スタッフの対応も記録に残す

スムーズに着替えができたか

- 脱衣所で、田中さんは「どれを着ればいいの?」と着替えを並べて立ちすくんでいた。着替える順序がわからない様子だったので、下着から順にお渡しし、自分で着替えるお手伝いをした。

UMEさんのひとことアドバイス

ちょっと待って！　その介護行為の根拠は？

介護は多職種協働のもとチームケアで行っています。介護記録には、介護スタッフが行った介護行為が集積され、形となって積み重ねられていきますが、その莫大な記録の一つひとつが重要な意味をもちます。

スタッフは互いに専門職としての責任をもって仕事を行っており、たとえば介護スタッフが自分の判断で行った介助なのか、看護師の指示で行った介助なのか、同じ「行った」と記録してあっても、中身は大きな違いがあります。

具体的に書くということは、皆さんの行った介助がプロとしての介護判断に基づいたものであることを証明してくれる大事な証拠書類でもあるのです。

入浴 応用文例

入浴準備

- 入浴をお誘いしたが「風邪気味だから入りたくない」と断る。バイタルチェックや顔色などには異常が見られないので、「お風呂場で看護師さんにみてもらいましょうよ*」と言うと、「そうだね」と風呂場へ向かった。

*どのような声かけで、気持ちが変化したか記録する

- 入浴に誘い脱衣介助を行う。「**お風呂に入りますよ**」と言いながら、上着に手をかけると、「やめろ、触るな」と大きな声で言い、スタッフの手を振り払った。
- 昼食後の検温が37.3度。本人は「体調は悪くない。入浴したい」と話す。看護師に相談すると、入浴は控えたほうがよいとの指示。スタッフと看護師が本人に説明し、本人も納得する*。入浴はせずスタッフが清拭《せいしき》をした。

*本人の希望に対して、スタッフはどのように判断し行動したかを記す

入浴中

- 排泄介助後、スタッフが車いすを押して浴室へ移動。シャワーチェアへの移乗を行う。田中さんの足に38度に設定したお湯をかけると、「もっと熱くして」との訴え。湯温を39度にすると「ちょうどいい」と話す。
- シャワーチェアからバスボードへの移動を介助。体勢を整えて浴そうに入った。手すりにつかまり浴そう内にゆっくりとしゃがみ込むのを見守った。
- 浴室内チェアから立ち上がるときに一瞬よろけたので、すぐにスタッフが左側から支えた。左ひざに力が入りにくいため、今後も起居動作時のふらつきに注意して経過観察する。
- 浴そうに入るなり、すぐ出ようとしたので、スタッフが「もう少し温まりましょう」と声かけをした。

言い換え表現　**「お風呂に入りますよ」**

- 「お風呂の時間ですよ」
- 「着替えたついでにお風呂に入りませんか」
- 「さっぱりしましょうか」
- 「ラベンダー湯であったまりましょう」

- 座位《ざい》姿勢安定して入浴。左**片マヒ**なので、右手で届く範囲の体幹左側と陰部、足部は本人が洗う。右側と背中はスタッフが介助して洗った。
- 自分で何でもやりたいという意欲があり、本人が洗身・洗髪・洗顔を行った。洗い残しがあったため、スタッフが不足部分を介助にて洗った。
- 「体が曲がらないので、足が洗えない」と話すので、介助する。洗髪の介助は不要との意向。シャワーハットを使用して本人が洗髪した。

入浴後

- 右片マヒがあるので、着衣時、スタッフの声かけにて、健側《けんそく》の腕や足は自身で洋服に通し、患側をスタッフが介助した*。

＊できること、できないことを具体的に書く

- 入浴後、少し表情がすぐれなかったので、スタッフが「疲れましたか」とたずねると、田中さんが「少しのぼせちゃったかな」とうつむいたまま話す。麦茶を湯呑み1杯（100mL）飲み、居室で午睡《ごすい》をとった。
- 11時10分、「めまいがする」と言い脱衣所で倒れる。介護職が田中さんの名前を呼ぶが、反応なし。顔面蒼白のため、すぐに看護師に連絡。看護師が状態観察し、11時15分、救急搬送の指示あり。相談員が救急車を手配し、家族へ連絡を入れる。

入浴できなかったとき または、清拭・足浴

- 発熱が3日間続き、入浴もシャワーも許可がおりなかった。全身を蒸しタオルで清拭し、肌着を新しいものに替える。田中さんは仰臥位《ぎょうがい》で、表情を変えることもなく、じっとベッドに横になっていた。
- 本日入浴できず。本人が希望したので、就寝前にベッドサイドで足浴を行った。「足湯した夜はぐっすり眠れるんだよ」と話していた。

介護用語 片マヒ：左右どちらかの手足の運動機能がマヒしていること。

施設で

整容・更衣

身だしなみを整えることは、周囲に対しての関心をもつことにつながり、自立への意欲向上をうながします。

記録のための観察ポイントとメモ例

着脱のしかたはどうか

- シャツは自身で脱いだが、ズボンはベッドに端《たん》座《ざ》位《い》になって介助にて脱いだ。

身辺の整理状態はどうか

- 就寝前に消灯台の整理を行った。

洗顔などの様子はどうか

- 座位にて、自分で洗顔を行った。

身だしなみへの意欲はあるか

- 朝、本人がベッドに長《ちょう》座《ざ》位《い》になり、髪を丁寧にブラッシングしていた。

ブラシ、ひげそりなど用具は適切か

- 電動カミソリが汚れていたので、本人の了解を得て水洗いした。

昼夜の服装はどのようなものか

- 手洗い後、居室へお連れする。自身でパジャマへ更衣し横になる。

自身ができること、必要な介助はなにか

- おしぼりを渡すと、自分で顔を拭いた。

よくない事例

10月17日	記録内容
14：00	家族からの要望で、井上さんの両手・両足の爪切りを行うが、❶**「痛い」と叫んだりしている**。 「痛い」と叫んだ原因はなにか。その発言に対して、どのように対応したのか書く ❷**爪切りが嫌なのかもしれない**。 切るのが嫌だったのかはわからない。事実かどうかわからない推測で記録を書かない ❸**少し**時間がかかったが、❹**どうにか**全部切り終えた。 具体的な時間がわかるようにする

「どうにか」や「やっと」、「しんどい」、「骨が折れる」というようなスタッフの感情がこもった書き方はしない

改善

よい事例

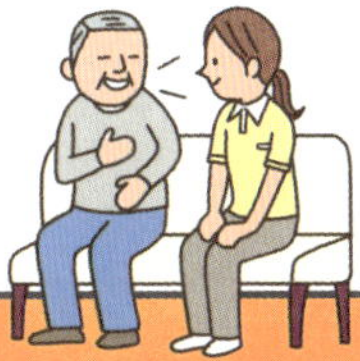

10月17日	記録内容
14：00	入浴後、長女のご要望で、井上さんの両手・両足の爪切りを行う。❶**途中「痛い」と話すので「大丈夫ですか」と声かけするが、井上さんは顔を少ししかめるだけでお返事はない**。❷**一度爪切りを置いて、手をさすりながら様子を見るが、傷などはない**。 井上さんの表情が少しやわらいだので「親指から切りますね」と声かけしながら再度ゆっくり爪を切った。 「足の爪も切りますね」と言うと「痛くしないで」と話すので「気をつけて切りますから、安心してくださいね」と話し、❸**15分ほどで**❹**すべて**切り終えた。井上さんもほっとした表情になり、「ありがとう」と話した。

整容・更衣　基本文例

観察ポイント

整容について

できること、できないことはなにか

- 居室の洗面所において、いすに腰かけ歯磨きと洗顔を行った。自身で電気カミソリを使用しひげそりをした。ひげそりの仕上げは介助した*。

  *自立支援を基本とし、利用者に行った介助を記録する

- 手の爪は自分で切ることができたが、足の爪は切るのが難しいとのことでスタッフが切った。「昔、嫁（長男の妻）が爪を切った際に痛かったことがある」と話し、最初は表情をこわばらせて怖がっていたが、片足を無事に切り終えると安心した表情になった。

更衣について

自分でできること、介助が必要なことはなにか

- 入浴前に、スタッフと一緒に服を選んだ。「今日はこの服が着たい」と、本人が薄紫色のブラウスを選んだ*。「このブラウスにはどのズボンが合うかしら」と相談されたので、スタッフがベージュのズボンをすすめた。

  *着る洋服を本人が選択できたことを書く

- 更衣のとき、健側《けんそく》の左腕を上げて袖を通し、左足も高く上げてズボンを履いた。入所当時よりも筋力がついてきたようだ。脱いだパジャマを自身が左手でたたみ、ベッドサイドに置いた。

- 脱衣法のリハビリを PT から受ける。介護スタッフが「三郎さん、練習のとおりにやってみましょうか」と声かけ、見守りを行うなか、本人がベッドに寝て、健側である右足からズボンを脱ぎ、次に患側《かんそく》である左足をけって自力で脱ぐことができた*。三郎さんは「やればできるな」と笑顔で話した。着衣はお手伝いした。

  *新たにできるようになったことは必ず記録する

介護用語　PT：理学療法士のこと。Physical Therapistの略。

整容・更衣　応用文例

整容について

- 「ボサボサでおかしくないかね？」と髪型を気にしているので、ブラシを渡す*と、自分でとかしていた。手の届かない後ろ側のみスタッフがとかす。

　*本人の要望があった場合は、内容をくわしく記す

- 井上さんが「唇が乾燥する」と話すので、色つきのリップクリームを娘さんが持ってこられた。散歩に出かけるときに、それを自分で塗り、「お化粧したみたいで、ちょっと顔が明るくなったみたい」と、ほほ笑んでいた。

更衣について

- 自身で更衣をしようとしないので、スタッフが「朝だから服に着替えましょうか」と声かけをする。三郎さんは、「面倒なのでこのままでいい」と話すので、スタッフが「お手伝いしますから、一緒に着ましょう」と言うと、自身で青いセーターの袖に手を通す。黒いズボンは介助にて履いた*。

　*ひとりで外出してしまう心配がある利用者は着衣記録用紙を利用する場合もある

- ズボン下の上に上着を履き、その上にズボンを履いていた*。声かけするが「これでいい」と話している。「三郎さん、ちょっとこのズボンの丈が短くなったようで、歩きにくそうだから、一回脱いで調べてみましょうか」と声かけをすると、三郎さんが少しけげんな表情で履いていた上着を脱いだ。スタッフはすぐにズボンを差し出し「風邪をひくと大変だから、このズボンを履いていていただけませんか」と伝えた。

　*体にマヒなどがないのに、衣服を正しく着る動作ができなくなる症状（着衣失行）がある場合は、ケアマネジャーに伝え、ケアカンファレンスで検討して介護方法を練ることも記録する

身辺の整理について

- タンスの中が少し乱れていたので、担当スタッフが洋服をたたみ直し、整理整頓した。本人にうかがうと「とり出すことはできるが、たたむことは難しい」と話す。ケアカンファレンスで検討し、今後は本人には、ベッドサイドに置いたカゴに脱いだ服を入れてもらい、居室にうかがったスタッフがたたんで整頓を行うこととする。

施設で

口腔《こうくう》ケア

高齢者の口腔内は健康のバロメーターともいわれます。口腔内の異常を確認したら必ず記録しましょう。

記録のための観察ポイントとメモ例

義歯の管理、トラブルはどうか

- 飲み込むと危険なので、夜間は預かることとする。
- 義歯は洗浄され、衛生的になっている。
- 朝、声かけをして、介助にて義歯を装着。
- 義歯があたっている箇所に、口内炎ができている。
- 口の開きが悪く、義歯がはずせない。
- 義歯のかみ合わせが悪いようだ。

口腔内にトラブルはないか

- 右頬《ほお》内側に口内炎が発症している。
- 昼食後の口腔ケアの際、左上前歯にぐらつきがあった。看護師に報告する。

発音や嚥下《えんげ》に問題はないか

- トレーニングの効果か、最近発音が明瞭になってきた。
- 片マヒのため、嚥下しにくいときがある。

口腔トレーニングはどうか

- 食前にあごをさすりながら、嚥下トレーニングをした。
- 食前に、スタッフが佐藤さんのあごまわりをマッサージしてから、唾液《だえき》を出す体操を一緒に行う。

よくない事例

12月4日	記録内容
19：30	夕食後の口腔ケア。❶**自分で歯を磨くと言い張る**。しかし ネガティブな視点ではなく、ポジティブな視点で記録しなければいけない 歯ブラシを動かさない。義歯をはずそうとしたが、口を開けない。❷**いつものわがままだ**。 スタッフの感情や私情は、なるべく書かないようにする ❸**5分後、やっと口を開けたので、義歯を預かる**。 どう対応した結果そうなったのかという利用者との関わりのプロセスをきちんと書く

改善

よい事例

12月4日	記録内容
19：30	夕食後に佐藤さんの口腔ケアを行う。通常はスタッフが介助を行うが、❶**本人の意向により今日は自身で歯ブラシを持つ**。腕がなかなか口元まで届かず、スタッフが手を添えて介助する。途中からはスタッフが歯ブラシを持ち、歯磨きをする。義歯のあたる箇所の口内炎は完治していないが、マヒ側ということもあり、「痛くない」と話す。 スタッフが「入れ歯をはずしますよ」と声かけして義歯をはずそうとしたが、口が開かなかった。 ❷**「このまま寝たい」と話す**。❸**「きれいにお掃除したいので、お預かりしますよ」と言うと、「そうかい」と話し、口を開いたので、義歯をはずして預かる**。

口腔ケア 基本文例

観察ポイント

歯磨きができるか

自分で歯磨きできるか

- 食事の終わった利用者から順番に口腔《こうくう》ケアを行う。スタッフが歯磨き粉を歯ブラシにつけ、水の入ったコップを佐藤さんの手の届くところに置いた。佐藤さんは洗面台の前でいすに座って、ひとりで歯磨きを行った。「もう大丈夫だよ、ひとりでできる」と話す。

磨けない箇所はないか

- スタッフが歯ブラシに歯磨き粉をつけて、佐藤さんに手渡すと、自身で上下の歯を磨く。奥歯を確認して、**残渣《ざんさ》**があったので、ガーグルベースに出してもらう。
- 夕食後、下の歯は自身で磨いたが、黙って歯ブラシをスタッフに差し出すので、スタッフが「上もお願いします」と声かけし、自身で磨いていただいた。その後に、口腔内を見て残渣を確認し除去する。

義歯の扱い

義歯を自分で適切に扱えるか

- ホールの洗面台にて、スタッフが佐藤さんの義歯をはずし、口をすすぐようにお願いするが、含んだ水を飲み干す。
- 夕食後の口腔ケアのあと自身で義歯をはずし、水を汲んだコップに入れる。夜間は義歯を施設で預かり管理する。

UMEさんのひとことアドバイス

食事と口腔ケア

食事は利用者にとって、大切な生活儀式のひとつです。利用者にとって食事を通じてなにを自己実現したいのか、満足感を得ることができるのか、それを実現するための手段が食事介助であり、口腔ケアなのです。

今までは自分の思うような食事を行うことができた方も、介護を受けることで多大なストレスを感じるようになります。食事の嗜好《しこう》は個々の満足感と密接に関係がありますが、食事機能を維持するために、口腔ケアは非常に重要な支援です。

スタッフにとっては、毎日見慣れた生活行為であっても、利用者の家族にとっては、介護記録に書いてあることすべてが新鮮な情報です。利用者のさまざまな様子を観察し、その生活の軌跡を記録に積み重ねていきましょう。

介護用語 残渣：口の中に残った食べ物のカスのこと。

口腔ケア 応用文例

歯磨き

- 本人が歯ブラシを使って歯を磨いたあと、スタッフが口腔内を確認。患側《かんそく》の左奥歯に食べ物のかすが残っていたので*、歯磨きの介助を行う。

  *なぜ介助をすることになったのかを記録する

- 歯磨き介助の際、歯茎から少量の出血あり。歯ブラシをもう少しやわらかいものに変えることとし、当分口腔ケアには注意を要する。

義歯の扱い

- 朝４時、トイレのあとホールに来て、「歯はどうしたかな?」と聞く。預かっていることを言うと「どこに?」と聞き返した。歯を見せて消毒液につけてあることを告げると、ケース内をのぞき込み、着けたそうにしていた。義歯を入れることで落ち着くならと入れてもらうことにする。
- 21時入床前、居室へ帰り義歯をはずすよう、耳元で声かけしたり手で何回もはずす仕草をしても反応がない。スタッフが手を添え義歯をはずしかけたら、上下自分ではずす。聞こえないのか、わからないのかは不明。
- 義歯を自身ではずせないので、スタッフの介助にてはずす。洗浄後、洗浄剤につけ、洗面台の上に置いた。

歯のトラブル

- 昼食時、バターロールを食べているときに、左前歯が欠けた。痛みはない様子だが、生活相談員に伝え家族（妻）に連絡を入れてもらう。佐藤さんの妻より、「後日、歯医者で治療してもらいたい」と意向があった。
- 「物を食べると、入れ歯が痛い」と話す。入れ歯が合わなくなっているのかと思い、看護師に伝える。職員間で検討し、相談員が調整した結果、次回の訪問歯科時にみてもらう予定となる。

施設で

服薬確認

服薬管理一覧表に一括して記録している施設が多いようです。介護記録では、そこに書けない利用者の様子や訴え、スタッフとのやりとりを書きます。

記録のための観察ポイントとメモ例

薬の確認方法は適切か

- 薬の名前を確認して、食後に宮本さんに手渡した。

服用時の様子はどうか

- 「薬は嫌い」と言う。
- スタッフがビニールを切った薬袋を食後宮本さんに渡すと、水と一緒に上手に飲んだ。
- 薬を吐き出す。

正しい時間に服用できているか

- 薬袋に、朝食後と印刷されているのを確認した。

必要な介助はなにか

- おかずにまぜて服用する。
- 水をコップに用意して、本人が服用するのを見守った。

与薬ミスの危険はないか

- 口に入れようとしたときに、手から錠剤が落ちた。

（よくない事例）

11月7日	記録内容
18：30	「最近」というあいまいな表現ではなく、わかる範囲で具体的に書く ❶**最近**、❷**食べ物を吐き出すことが多い。薬も嫌がる**ようになっているので、おかずにまぜて飲ませたが、❸**全部吐き出してしまった**。 食事の内容が嫌なのか、薬を嫌がっているのか原因を探る なぜ吐き出すのかをよく観察する

改善

（よい事例）

11月7日	記録内容
18：30	食事は全介助だが、❶**1週間ほど前から**、そしゃく時間が長くなり、なかなか飲み込めない。❸**昨日までは、「お茶を飲みますか」と声かけすると、お茶と一緒に飲み込んでいたが、今朝は、お茶には手をつけずにトレーに全部吐き出す**。その後は食べ物を口元に近づけても口を開かない。「もう、いりませんか?」と声かけするが返事はなく、食後の粉薬を服用していただこうとしたが、❷**口を開かなかったので、チームリーダに相談し、宮本さんのお好きなデザートのゼリーにまぜて服用を確認した**。 薬が変更となり、毎日服用の必要がある錠剤だが、番茶を口に含んでも、薬だけ舌で押し出し吐き出す。服用方法を職員間で検討したうえで、食事の最後に少量のとろみ食に混ぜて服用していただくことにする。

服薬確認　基本文例

観察ポイント

自分できちんと薬を飲めているか

飲み忘れや誤薬はないか

服薬時の様子

- （施設）錠剤を手に取ろうとしてうまくつかめず、テーブルの上を転がってしまい、宮本さんのお薬を隣のBさんが拾って口に入れようとした*。スタッフが気づき、宮本さんが服薬するまで見守った。

  *「ヒヤリハット報告書」も書くが経過も記録する

- （在宅）デイサービスの送迎で自宅にうかがうと、いつもは飲み終えているはずの薬が開封されずに、薬箱に入っていた。スタッフが「お薬は飲まれましたか」と声かけすると、宮本さんは「あ、忘れてた」とのことで、水を準備し、服薬を確認した。

- （在宅）昼食後、服薬介助をしようとしたところ、宮本さんの薬包の封が切られ中身が空だった。本人にうかがうが、首を傾げている。看護師、介護士間でも確認するが、事実関係を確認できない。看護師が至急宮本さんのバイタルを計測し、容態を確認するが、特に変化なし。相談員からご家族と施設長に報告する。

- （施設）スタッフが目を離したすきに、Bさんは隣の宮本さんの薬を服用していた。Bさんに「口を開けて見せてもらえる?」と言って口の中を見たが、すでに口の中に薬はなかった。宮本さんの薬を手渡しし、服用を確認するまで宮本さんのそばを離れないようにスタッフ間で徹底することとする*。

  *「事故報告書」を別途書くが、見たままの状況とスタッフがどのような対応をしたかということを書いておく

- （施設）薬を飲み終わるまで確認せずに、食器を片づけていたところ、宮本さんのトレーに錠剤を一粒発見した。宮本さんの薬であることを確認してから*居室にうかがい、すぐに服用していただいた。

  *本人の薬であるかどうかの確認をした事実を記録に残すと、トラブル防止になる

服薬確認　応用文例

服薬時の様子

- 「宮本さん、お薬ですよ」と名前を呼びながら、オブラートに包まれた薬を手渡した。
- 宮本さんが「薬をまだもらっていない。早く薬ちょうだい」と食前に話す。スタッフが「食後の薬なので、お食事を食べてから渡すね」と伝え納得していただく。
- スタッフが「宮本さんのお薬ですよ」と言いながら、錠剤を宮本さんの手のひらの上に乗せた。宮本さんは自分で飲んでいた。
- 食後の服薬介助を行う。今回はじめて処方された錠剤は、今までのものよりも少しだけ大きいので、飲み込み方を観察した*。宮本さんは、お水とともに問題なく飲み込めていた。

  *薬が変更になったときには、いつも以上に注意して観察する

- 朝の服薬時に薬を床に落としてしまったとの申し送りがあったため、スタッフが口の中に薬を入れた。水を手渡して、「宮本さん、飲んでね」と声をかけ、服薬を確認した。
- 夕食、3分の2の分量を召し上がる。その後、糖の錠剤をつぶしてから飲んでもらう*。そのほか胃腸の薬など4種類処方されており、宮本さんは「薬でおなかがいっぱいになる。なんとかならないか」と訴える。スタッフが「本当だね、今度先生に聞いてみましょうね」と返答し、看護師にその旨報告する。

  *いつもどのように服用しているのかを記載する

施設で

排泄

おだやかな生活を送っていただくためにも排泄ケアをしっかり記録に積み重ね、今後の介護展開にいかす必要があります。

記録のための観察ポイントとメモ例

尿意・便意はあるか

- 「トイレへ行きたい」とのコールあり。
- 入浴前にトイレへ行きたいとの希望があり、車いすでお連れする。

失禁の対応・排泄方法は適切か

- 手引き歩行にてトイレへ行く。
- トイレ内排尿が見られ、紙パンツ、あてていたパットへの汚染はない。

危険は回避できているか

- ポータブルトイレへの移乗はスムーズだった。

便や尿の状態・量・回数はどうか

- 軟便が少量出た。
- 朝食後、トイレにお誘いし、大量（バナナ2本位）の排便があった。

できることは何か、どのような介助が必要か

- ベッドから手すりにつかまり、ベッドわきのポータブルトイレに移動する。

よくない事例

2月12日	記録内容
7：30	コールはどんな訴えだったのかを記録する 山下さんから❶**コールあり**。❷**排泄介助**。トイレへ行くも どのような状況でトイレ介助を行ったのかわかるように ❸**排便（−）**。２日間便が出ていない。 経過記録に文章と記号を混ぜて書かない すぐに便器から立ち上がろうとするので、❹**介護スタッフが声かけし**、もう一度座ってもらう。 どのような声かけをしたのかを書く ❺**しばらく**すると❻**排便（＋）**。記号で書かない 「しばらく」ではなく、具体的な時間を書く

改善

よい事例

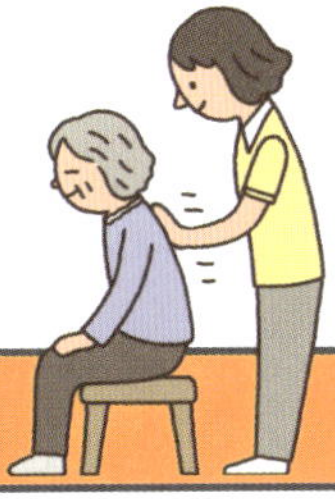

2月12日	記録内容
7：30	山下さんから❶**コールがあり、「トイレに行きたい」と申し出があった**。スタッフが居室へうかがい、❷**手引き歩行でトイレに移動したが**❸**排便はない**。すでに２日間便が出ていない。 座ってすぐに「ウンコが出なかった。おなかが張るような気がする」と話し、便器から立ち上がろうとしたので、❹**スタッフが「もう少しがんばってみましょう」と声かけをした**。 再度座ってから❺**5分ほどすると**少量（ピンポン玉2個ほど）の❻**硬便を確認**した。

排泄 基本文例

観察ポイント

トイレへの誘導

トイレ誘導の声かけは適切か

- トイレの声かけをすると「今は大丈夫です。また起きてから行きます」と言った。
- 排泄介助のため、スタッフが**「トイレに行きませんか?」**と山下さんをお誘いし、本人の同意を得てから、トイレまで同行した。
- 朝、トイレに行っていないので声をかけると、「え、便所か?さっき行ったから、行かん」と言ったので、お茶をおすすめしてから、もう一度お誘いする。
- 午睡《ごすい》の前に「トイレに行きましょう」とスタッフが山下さんをお誘いし、一緒にトイレに行った。尿**失禁**多量にあり。陰部洗浄を行い、ズボンとリハビリパンツを交換した。
- 朝食後、山下さんのトイレ誘導行う。パット内汚染なし。山下さんが便器に座ると同時に普通量の清尿をスタッフが確認する。

トイレへの移動

トイレへの移動はどのように行ったか

- おやつの前にトイレ希望される。スタッフがそばに付き添い杖歩行にて移動する。
- 姿勢よく歩く。自分で個室トイレに入り、失禁なく排尿のみあり。

言い換え表現 「トイレに行きませんか?」

- 「トイレに行きましょう」
- 「そろそろお手洗いに行っておきましょうか?」
- 「お手洗いをお誘いにきました」
- 「用足しのお時間ですよ」
- 「トイレはどうかな?」

介護用語 **失禁**：意思に反した排泄（尿や便）。

- 山下さんがトイレの前で行ったり来たりして歩き回っていたので、トイレを探していると思い*ご案内した。

＊なぜ介助をしたのか、しようと思ったのか根拠（介護判断）を書く

- 山下さんの居室より「トイレ、トイレお願いします」と聞こえたため、訪室する。本人からトイレの希望がある。山下さんはゆっくりと自分で起き、スタッフの介助にて歩行器を使用しトイレに移動する。

- 手すりを持ち自分で衣類を下げ便器に座る。5分ほど座り、多量の排尿あり。自分で衣類を上げるが、パットがしっかり上がっておらずスタッフが介助する。

- 「お手洗いに行きたいのですが」と山下さんの声がするので訪室。すでに布団をめくり、起きようとしている。歩行器を持っていくと自分で起き上がり、靴を履いた。立ち上がる際「立てません」と言うが、自分で5回ほど挑戦していると立ち上がることができた。スタッフが後ろから見守りを行う。

- 山下さんからコールあり、トイレに向かう。右手で手すりにつかまって立ち、左手で衣類を途中までしか上げていないため、声をかけながらスタッフが介助する。その後自分で手を洗い、部屋まで戻り、休んでいただく。

便器やポータブルトイレへの移乗の様子はどうか

- 入浴前にトイレを希望された。車いすを少し離れた場所に置き、立ち上がり歩行にて移動を介助する。車いすのひじ掛けに手を伸ばしながら、ゆっくりと立ち上がり移乗する。トイレ内の手すりを使用して立ち上がり、自分で拭きとりも行う。

- ポータブルトイレからの立ち上がり時、なかなか足に力が入らず立ち上がることができないため、職員が車いすを用意し、**トランスファ**を行った。

介護用語　トランスファ：移乗動作のこと。車いすと便座、浴そう、ベッドなど、同一平面でない場所への移動動作をさす。

観察ポイント

トイレでの介助

姿勢はどうか、介助は必要か

- トイレで介助をしているとき、足を踏んばれないため、何度か座《ざ》位《い》姿勢が右に傾いた。
- 自分で後始末をし、衣類も整え、トイレから出てきた。
- 夕食後、コールで排尿の訴えあり。すぐにトイレにお連れし、微量の排尿を確認する。20分ほど経過して再びコールあり「また行きたい、心配で寝られない」と話す。先ほども行ったことを伝えるが我慢できないと話すため、トイレにお連れする*。5分ほど便器に座るが排尿なし。

*行った介助行為だけでなく、本人の訴えを介護記録に書く

- 山下さんにトイレまで付き添い、ご案内する。スタッフが「山下さん、ズボンをおろしますね」と言いながら、ズボンに手をかけたところ、山下さんはスタッフの手を振り払い「やめろ」と怒った*。

*うまくいかなかったことも記録に残せば、次のサービスに役立つ

- 立位が難しいため、二人でトイレ介助を行う。パット内に便少量失禁あり、トイレでは排便なし。

衣服の汚れなどはないか

- トイレにて少量の排便があった。スタッフが「終わりましたか?」*と声かけしながら中に入ると、衣服が少し汚れていた。「ズボンの裾が少し汚れていますから、新しいものと交換しましょう。すぐ終わりますから」*と声をかけ、ズボンを交換した。

*どんな声をかけたのか具体的に記録する

- 昼食後、山下さんが便意を訴え、スタッフとトイレへ行き排泄をした。その際、ズボンの裾と床に少量の便汚染を確認した。念のため、清拭《せいしき》を行い、新しい肌着・ズボンと交換した。

便秘や下痢などはしていないか

- 23時10分に山下さんより看護師コールあり、トイレ介助を行った。排便は少量あったが「出ない」とため息をついて居室に戻る。本人が「便秘気味でおなかが苦しい」と話していた。

皮膚などの様子はどうか

- 0時の排泄時、尿量は少なめだった。尾骨《びこつ》付近の傷に、引き続き**アズノール**を塗布した。
- 臀部《でんぶ》に5センチ程度の爪痕《つめあと》があり、アズノールを塗布する。
- 左内股《うちまた》にタダレあり。看護師に報告して、処置してもらう。
- ひじ部分に擦過《さっか》傷あり。看護師の指示によりアズノールを塗布する*。

*だれの指示により、どのような対応をしたのか書く

オムツ交換時の様子

皮膚や体の状態はどうか

- 褥瘡《じょくそう》が悪化しており、看護師から軟膏《なんこう》を変更し、経過を見るようにと指示を受ける。
- 左下腿後面潰瘍《ひだりかたいこうめんかいよう》になり、白色部分が大きくなっている*。褥瘡の状態を看護師にみてもらう。

*観察により変化に気づいたら必ず書きとめる

- オムツ交換時に、仙骨《せんこつ》部に発赤《ほっせき》を確認する。看護師に報告して、清拭《せいしき》後軟膏を塗布した。
- 臀部のびらんは昨日と変わりなく湿っている*。

*変化がない場合も必要に応じて書き記す

- 尾骨右わきの皮膚が白くふやけている。
- 股関節拘縮《こかんせつこうしゅく》があるため、オムツ交換後、ひざにビーズパットをはさむ。

UMEさんのひとことアドバイス

排泄は健康のバロメータ

排泄は、私たちにとって最もプライバシーを守る必要のある生活行為のひとつです。いつも接しており慣れている相手であっても、一線を越えた不用意な対応や自尊心を傷つける言動は慎まなければなりません。

一方で、専門職にとっては排泄行為によって、利用者の健康状態や生活機能を把握することができる重要な機会でもあります。排泄中の様子や排泄物を観察することで得られる情報もたくさんあります。

利用者の排泄行為と介護スタッフの行う排泄介助がそれぞれ、「どこまで」「どのような方法で」行っているのか、振り返りをしながら業務にあたり、介護記録にそれらを積み重ねていきましょう。

介護用語 アズノール：非ステロイド性の軟膏。

排泄　応用文例

トイレへの移動

- 車いすにて山下さんのトイレ誘導を行う。手すりにつかまりながら立ち上がり、いったん便器に座り、支持テーブルをセッティングしてから再度、立位になっていただき、スタッフがズボンをおろした。
- 夕食後のトイレ誘導時、立位が不安定だった。
- 山下さんが「トイレに行きたい」と話す。スタッフが歩行介助を行い急いでトイレまで移動するが、途中の廊下で切迫失禁があり下着を汚す。トイレで新しい下着と交換した*。

*スタッフと利用者それぞれが行ったことを書く

トイレでの介助

- 午後に「腹に子がおるな」と訴えあり。便意かと思い、トイレにお連れしたが、排便なし。山下さんに便意の訴えを確認するが応答なし。
- 山下さんよりトイレ内でコールあり。 便器に座り「便が出とるような」と言う。パット内、便器ともに排尿のみ確認する。本人に立ちあがって便器の中を確認してもらい、その後パット交換を行う。

オムツ交換時の様子

- 1時に夜間巡視で、山下さんのオムツに多量の便を確認。オムツ交換を行うと、軟便多量にあり。便がつぎつぎと出ており、全更衣、ラバー交換を行った。
- 昼食時、山下さんが汗を多量にかかれ、便臭がするので*、スタッフが声かけしてトイレにお連れする。軟便を確認したため排泄介助を行う。2L量あり。便漏れしており下着更衣する。

*定時のオムツ交換以外は、排泄介助に入った理由を書く

- 山下さんのオムツ交換後、陰部洗浄を行い、清拭《せいしき》する。交換中、右手で臀部《でんぶ》をかこうとする行為があるため、皮膚観察のあと、手の位置に注意しながらケアを行う。

- 午前9時のオムツ交換時、黄色の帯下《たいげ》を確認、丁寧に洗浄施行する。臀部びらん部より出血があり、医務に報告する。13時のオムツ交換時、出血は確認できないが、混濁尿《こんだくにょう》を確認する。水分補給は午前、午後あわせて400cc 摂取する。

ポータブルトイレでの排泄

- 22時、1時、2時、5時にセンサーが鳴り、山下さんをポータブルトイレに誘導・介助を行い、かたわらで見守りをした。
- 6時ごろコールがあり、居室にうかがうと本人がズボンに手を入れ「お通じが」との言動がある。スタッフが移乗介助を行い、山下さんがポータブルトイレに座る。その途端、多量の排便を確認する。
- コールにて訪室。山下さんより尿意があるとの訴えあり、スタッフが介助を行う。尿器を使用し少量の排泄をする。スタッフが洗浄して、尿を捨てる。

下痢や便秘のとき

- 一昨日から排便なし。今日も排便なく、医務に連絡する。
- 朝食前に37.5度の発熱あり、下痢便をしたため、医務の指示により朝食、昼食絶食となる。その後、日中嘔吐《おうと》も下痢もないため、医務の指示にて夕食より流動食を開始する。
- 昨夜排便確認できず。朝食時にプルゼニド1錠服薬し、10時に多量の軟便を確認する。
- 最終排便3月30日。ラキソベロンは今回も前回同様に毎夕3滴。以後2日排便なければ2滴追加で対応していくと、看護師からの指示あり*。

  *看護師からの指示内容についても記録する
- タミさんが「3日お通じがないの」と不安な様子。スタッフが「マッサージをしてみましょうか」と言い、本人の同意を得て、腸の動きをうながすマッサージを試みた。30分後、便意をもよおし、普通便が少量出た。スタッフも思わず「おめでとう」とタミさんに話す。

施設で

夜間巡視

「夜間巡視に回った」という記録を残すだけではなく、睡眠の中身を把握し、記録として積み重ねていく意識が大切です。

記録のための観察ポイントとメモ例

就寝環境は適切か

- 「雨の音がうるさくて眠れない」と訴えがあった。

睡眠状態はどうか

- 排泄時に目を覚ます以外は休んでいた。
- 右側《そく》臥《が》位《い》でいびきをかいて寝ていた。
- 23時、安藤さんが目をずっと開けており、眠れないようだ。

体調の変化はないか

- 午前2時、背中の痛みの訴えがあった。

排泄はどうか

- パット内に多量の排尿あり、交換する。
- ポータブルトイレ内にも排尿あり。トイレ後、衣類整え、横になっていただく。

必要なケアができているか

- 0時、2時、4時に体位変換をした。「う～ん」と言ったが、起きることなく、熟睡していた。

よくない事例

9月25日	記録内容
2：00	スタッフが2時の巡回の際、❶**安藤さんがベッドわきに尻もちをついていた**。（様子がわかるように詳細を書く）抱き起こしてから、❷**体調を確認するも異常なし**。（異常なしと決めずに、看護師などにきちんと確認する）「どうしたんですか?」とうかがうと、トイレに行きたいと訴えるので、排泄介助を行った。その後居室に誘導し、ベッドに❸**臥床《がしょう》させた**。（「〜させた」という表現はしない）

改善

よい事例

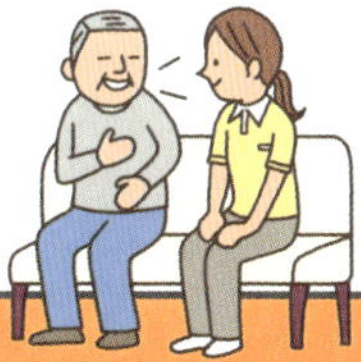

9月25日	記録内容
2：00	スタッフが2時の巡回に訪室すると、❶**安藤さんがベッドサイドに尻もちをついた状態で座り込んでいるのを発見した**。静かに抱き起こし、「どこか痛いところはないですか。お尻は痛くないですか」と聞きながら、ベッドに横になっていただく。安藤さんは「大丈夫です」と話した。 ❷**臀部《でんぶ》を確認したが、外傷は確認できなかった。念のため看護師の携帯に連絡を入れ、介護スタッフが本人に異常がないことを確認する**。 スタッフが尻もちの理由をうかがうと❹**「トイレに行こうと思った」と安藤さんが返答する**。一緒にトイレに行き、多量の排尿を確認した。（本人が話した内容を入れるとよりわかりやすくなる） その後、居室に戻り、❸**ベッドでお休みいただいた**。

夜間巡視　基本文例

観察ポイント

睡眠の様子

呼吸や体温はどうか

- 呼吸、体温ともに安定して休んでいる。
- 危険な体動はなく、よく寝ていた。
- 就寝前の20時、オムツに多量の排泄あり。その後、体動も少なく朝まで良眠する*。

＊「動いていない」という状態も、利用者の様子のひとつとして書く

姿勢はどうか

- 定時の体位変換のために居室にうかがう。右側《そく》臥《が》位《い》にて熟睡中。左側にあてたクッションを静かにはずし、右側にクッションを入れて左側臥位を保持した*。

＊通常の体位変換でも、「いつも通り」と省略せずにきちんと記録する

顔色、表情はどうか

- 0時に頬《ほお》が少し赤く、いくらか肌が汗ばんでいたので、清《せい》拭《しき》と着替えを行った。毛布を1枚はずし、掛け布団のみとした。1時に訪室した際は、発汗は確認できず。
- おだやかな表情で、いびきをかいて熟睡していた。
- 夜間帯、起きることなく、朝まで休んでいる。巡回時に「よしこがねぇ……」と寝言を言っていた。
- 夜間目を開けて両手を握っているときもあったが、それ以外はぐっすりと休まれていた。

夜間の排泄の様子

排泄時の利用者の様子はどうか

- 夜間排尿の観察をするが、普通量の清尿を確認した。びらん洗浄後清拭を行う。
- 夜間、よく休んでおり、4時の排泄時「よく眠れましたか」と聞くと、「ああ」と笑って答えてくれた。

オムツは汚れていないか

- 夜間オムツ交換時、側臥位になるたび「痛い」と言う*。1時間ごとに様子を見にうかがうが、訪室時はずっと目を開けて、休んでいない。

＊「痛み」の訴えや不眠がある場合は原因を探る。翌日の日中の様子も要観察

介護用語　側臥位：横向きに寝ている状態（▶P219）。

- 夜間、体動も少なく、大きな声が出ることもなく、よく休んでいる。排泄時は「あーっ」と大きな声を出していた。

オムツかポータブルかトイレ誘導か

- 22時、訪室するが右側臥位で熟睡中。ポータブルトイレに多量の清尿を確認し、処理する。退室しようとしたところ、安藤さんが目を覚まし、再びポータブルに座り、少量の排尿をする。今夜は平常時より頻尿傾向。

- 夜間、二度明かりをつけてトイレに行かれた以外は休んでいた。

- 3時、コールにて「トイレに行きたい」との訴え。本人の覚醒《かくせい》状態を確認して、トイレまで付き添う*。

*夜間トイレ介助は必ず覚醒状態を確認する。状況により車いすを利用する

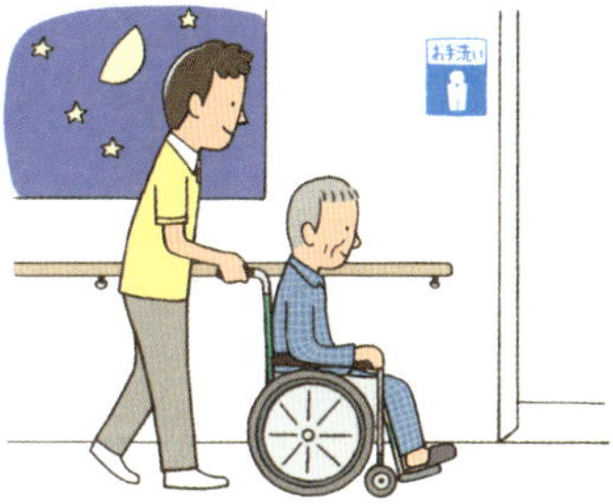

UMEさんのひとことアドバイス

夜間巡視の記録では静的状況の観察が大切

介護記録のもとになる情報収集で重要なことは「観察」です。

普段、介護を通じて利用者と接するなかで、利用者のどこに注目し、何を重要な事がらととらえるのか、それが意義ある記録への第一歩です。

観察する際に、利用者に動き、いわゆる「動作」「ジェスチャー」などがある場合は比較的注目しやすい状況ですが、たとえば「ソファに座ってジッとしている」あるいは「ベッドで横になって寝入っている」といった状況を皆さんはどのようにとらえているでしょう。

動的状況だけでなく、静的状況から何を事実として記録に残すかということが、夜間巡視の記録では最も重要なのです。

人は人生の3分の1を睡眠時間にあてているともいわれます。それだけ多くの時間を費やしている生活の一端を「夜間巡視する。特に異常なし」などと簡素すぎる書き方にしては、その人の生活を記録に残したことにはなりえません。

よく目を凝らして観察してみると、人って意外とさまざまな寝方をしているものですよ。

夜間巡視 応用文例

睡眠の様子

- 夜間巡視で居室を訪問。左側《そく》臥《が》位《い》にて熟睡していた*。

*安定して睡眠できているようなら、眠りの深さや様子を観察して記録する

- 夜間、布団を噛《か》んで起きていることが多く、あまり睡眠をとっていない。危険な体動はなかった。
- 眠れない様子で、何度も端《たん》座《ざ》位《い》になっている。そのつど時間を告げ、横になったらどうかと話すと、いったんは横になるが、すぐに起きる。2時ごろからは端座位のまま、布団をたたんだり、普段着を触ったりして過ごす。
- 1時以降、目を覚まし起きており、頻回（15分おき）にベッドコールでスタッフを呼ぶ。2時40分、訪室すると、すでに立ち上がり、居室の戸を開けようとしていた。安藤さんが「起きます､向こうに連れていってください」と言うので、まだ夜中で早い時間であることを伝えると「そうですか〜、まだ朝になっとらんですか?」と返答する。横になってはどうかと話すと「ありがとうございます」と言い、横になっていた。

夜間の排泄の様子

- 2時、センサーが鳴り訪室する。安藤さんがベッドに端座位になっており、声をかけると「小便です」と言う。スタッフの見守りにて自身でポータブルトイレに座り、排尿した。パット内に汚染なし。トイレ後自分で衣類を上げ、横になり休んだ。
- 0時にオムツ換えすると、安藤さんが閉じていた目を開ける。スタッフが「**眠れませんか?**」とうかがうと、笑顔だが無言。辞去する前に「大丈夫ですか」と声かけすると、ほほえんで手を振った。

言い換え表現　眠れませんか?

- 「眠れないのですね」
- 「お水でもお持ちしましょうか?」
- 「背中をさすりましょうか?」
- 「明日は○○なのでそろそろ休みましょうか」
- 「何かあったらコールしてね」

- オムツ換えをしようとしたら、目を開けて「いま何時?」と話した。「起きていらしたのですか?」と言うと「昼寝しすぎたのかな。なんだか眠れない」とのことで、10分ほど会話をして「そろそろ寝ましょうか?」と言うと、「そうだね。ちょっと眠くなってきた」と話す*ので、スタッフ退室した。

*どのような会話のやりとりをしたのかくわしく書く

睡眠時の環境について

- 目を開けていたので、「どうしたのですか?」とうかがうと、「ドアの開け閉めの音がうるさくて眠れない」との訴えがあった。
- 「寝苦しい」と言って目を覚ました。室温が高く感じたので「暑いですか?」とうかがうと、安藤さんが「うん、そうだね」と返答するので、エアコンを微風にセットした*。

*本人の要求や様子にどのように対応したのかを具体的に書く

- 22時40分、安藤さんからコールあり訪室する。スタッフが声をかけると、「布団がたくさんあって足が伸ばせんで寝られん」と言う。布団をまくっており、整えて掛け直す。掛け直すと「ようけあっていらんわ」と言うが、「また寒くなったら困りますよ」と説明する。安藤さんは「まんだ寒いなんて言っとらんのに」と納得はしていないが、スタッフが布団を掛け退室する。
- 安藤さんからコールがあり訪室すると、端座位で職員を待っていた。「私は夜中にのどが渇くことがあって、少しでいいのでコップにお水をいただけませんか」と話す。白湯《さゆ》を入れたペットボトルとカップをお持ちし、カップに注いで渡すと「ありがと」と言われた。

夜間の体調の変化

- 夜間巡視で訪室すると、眉をしかめて苦しそうにしている。バイタルチェックをして、夜勤看護師に連絡して指示をあおぐ。

施設で

レク・行事・リハビリ

本人が、その活動をどう考え、どのような気持ちで、どのように行ったのか、できるだけ具体的に書きましょう。

記録のための観察ポイントとメモ例

他者との交流はどうか

- レクに参加し、隣に座ったAさんと楽しそうに会話をしていた。
- 特に会話は交わさないが、他利用者と一緒に笑顔で参加していた。

身体機能はどうか

- 指先の動きよく、上手に折り紙を折っていた。
- 自分のペースで、ゆっくり体を動かしていた。
- 右の指先を使用して、パズルを完成させた。

日常生活で変化が見られたことはあるか

- 入居して3か月たち、最近は話すお仲間がだんだん増えてきた。

表情や言動はどうか

- 小声ながらも、笑顔で歌を口ずさんでいた。

どのようなことに興味をもっているか

- スタッフと一緒に、折り紙で鶴を折った。

＊上記のほか、社会性が保たれているか、一人ひとりの個性は発揮されているか、年中行事などを通じて、地域とのつながりをもてているか、昔を回想することがあるかなども観察ポイント

（よくない事例）

3月1日	記録内容
13：30	「あさがお」の作り方を教えてほしいとのことで、❶**習ったあと**は❷**できる範囲**で、あさがおを折っていた。折り紙をしながら❸**会話をしている**。 ❶だれに教えてもらったのか、本人をとり巻く人間関係を書く ❷できる範囲とは、具体的にどの範囲なのか、またできたことはなにかを書く ❸だれと会話をしているのか書く。第三者（利用者など）はイニシャルで表記する
15：30	おやつのあとは、❹**雑誌を**見たりしている。 ❹どんな雑誌か、わかる範囲で具体的に書く

改善

（よい事例）

3月1日	記録内容
13：30	「あさがおを折ってみたい」と野村さんが話す。❶**スタッフに折り方を習ったあと**は、❷**自分のペースでゆっくりと丁寧に**、30分ほどあさがおを折っていた。 折り紙をしながら、❸**同じテーブルのAさんと「だんだん形ができていくのは楽しいね」など、会話を楽しんでいた**。
15：30	おやつのあとは、❹**雑誌『園芸の友』をパラパラめくって見ていた**。スタッフが「野村さん、これからどんな花が咲くの」とお聞きすると、「やっぱり春といえば福寿草《ふくじゅそう》でしょう。でも私は木蓮《もくれん》がいい香りで好き。春だなって感じで」と話した。

レク・行事・リハビリ 基本文例

観察ポイント

レクリエーション

どのような表情でとり組んでいるか

- 公園まで車いす専用車に2人で乗り、紅葉ドライブ。「久しぶりに来た。紅葉がきれいだから夫にも見せてあげたい」と話す。

- 「食堂でカラオケをしませんか」と野村さんの居室に誘いに行くと「古い歌しか知らないんだけど」と笑顔で答えた。スタッフが「野村さんの歌をお聞きしたいなあ」と言う*と、「じゃ、行ってみようかしら」と話した。

  *意欲をもってもらえるよう工夫した声かけを書いておく

- 黒ひげゲームに参加する。「穴が見えんぞ」と言いながら、スタッフと一緒に穴を選び笑顔で楽しんでいた。

- 午後から書道クラブに参加する。自分のペースで上手に書いている。送迎車の車中で考えてきた言葉もあとから書いていた。「たくさん書いてくださいよ」と声をかけると、「今日は手があかんわぁ」と返答する。笑顔も見られ、楽しそうな様子で過ごした。

できることはなにか、介助が必要なことはなにか

- フラワーアレンジメント作成に参加した。ハサミが使いにくそうだったので、スタッフが切った*。花はすべて、本人が生けた。野村さんに花の名前を聞くと「わからない」と答えた。

  *用具や道具の扱いの様子も目を配る

- ボランティアのお茶の先生に教わりながら、野村さんがひとりでお茶をたてた。

ほかの利用者との関わりはどうか

- 「ことわざ」クイズをグループ対抗で行った。グループのみんなと話し合いながら、10問中3問、野村さんが代表で手をあげて答えた*。

  *まわりの人とどのような交流があったのかを記録する

- 書道クラブに参加する。「もっと大きく書いてもいいんですよ」と声をかけると、「よぉー書かんだー。これでええ」と本人が笑いながら答える。隣のAさんが書いた字を見

て「上手に書いたわなぁ」とほめていた*。
*他利用者とのコミュニケーションの様子なども書く

- お茶会に参加し、隣のAさんと会話をしていた。お茶会後「**今日はどうでしたか?**」とスタッフが聞く*と「いっぱい話ができて楽しかったよ。お茶会ならまた参加したいです」と笑顔で返事をした。
  *レク中、レク後に本人の感想を聞く

行事

行動やしぐさはどうか

- 夏祭りを開催。スイカ割りを見学した。「もっと右、もっと左」と声を出して、笑顔で参加していた。
- 施設内の運動会に参加した。ボンボンを両手にもって、積極的に声を出して、みんなを応援していた*。
  *意欲はどの程度あるのか、観察する
- 施設の運動会で玉入れに参加した。野村さんは車いすからひとりでゆっくり**四点杖**で立ち上がり、玉をカゴめがけて投げ入れ、声を出して笑っていた。
- おたまリレーをした。スムーズに玉を送ることができたときは、両手を頭まで挙上《きょじょう》しガッツポーズをして、元気にとり組んでいた。
- 風船バレーで右手の挙上、頭の上20センチ程度まであがった*。
  *心身機能に焦点を当てた観察も大切
- 全員で体操をしたあと、野村さんに個別機能訓練の声かけを行うが、「(亡くなった)夫を駅まで迎えに行くんで、今日はやめとくわ」と返答する。スタッフが「そう、それじゃリハビリ急いでやっちゃおうか」とお誘いする*。
  *認知症状のある利用者には、上手に話を合わせることも必要

言い換え表現「今日はどうでしたか?」

- 「どれが楽しいですか?」
- 「どうでしたか?」
- 「おもしろかったですね～」
- 「○○はいかがでしたか?」

介護用語 四点杖：杖の先が4点に分岐している杖（▶多点杖：P221）。

観察ポイント

リハビリテーション

利用者の心身機能はどうか

- ストレッチ、お達者体操後、園内１周、杖歩行で何度か休憩を入れながら歩く。いすに座るたびに「よう1年でこんなに歩けんようになったもんだなあ」と話していた。
- 水分補給後、理学療法士がひざの曲げ伸ばし、股関節の開排運動を実施した。リハビリ後、居室まで手引き歩行を行うとき、野村さんの足の運びがよかった。
- 声かけしながら杖歩行でホールまでお連れした。立位姿勢がよくなってきたためか、杖が短くなり持つ腕が伸びきっていた。長さの調整が必要と判断する。次回のPT（理学療法士）訪問時に相談する。
- 移乗の際、右の健足のふんばりは少しずつついてきた。筋力維持のためにリハビリは続けるが、職員間で検討の結果、当分移乗は二人体制で行うことにする。

リハビリを行っているときの利用者の様子はどうか

- 車いすでの座《ざ》位《い》姿勢が右側に倒れこむことが多い*。座布団を敷いて傾斜をつけることで、ずり落ちは減ってきたが、横に倒れるので、カンファレンスでPTに相談する。

  *毎日ケアしているスタッフの気づきは機能訓練に役立つ

- ベッドわきにスタッフが車いすを寄せると、野村さんが自力で移乗する。車いすに移るときは痛みなどの訴えはなかった。
- 昼食前､利用者全員でお達者体操をする。野村さんが「体操はやらん」と話し、最初は職員がお願いしてもまったく体を動かさなかった*。終わりごろになると、徐々に手足を動かし始め、最後は職員の動きをじっと見ながら、自分のペースで体操していた。

  *利用者の発言と行動をそのまま記録する

- ベッドからサクラ棟入口まで歩いた。「どうせ訓練しても、この足はよくならない」と野村さんが話すので、「歩くのも大変ですものね。焦らずに少しずつやりましょう*。天気がよくなったらお庭へ行ってみましょうよ」とスタッフが声かけをした。

  *数値や回数を行うことだけが目的ではない

レク・行事・リハビリ 応用文例

レクリエーション（ボランティアの来所）

- 園児が来所し、歌を披露してくれた。スタッフが「かわいい園児たちが野村さんに歌を聞かせに来るってよ」とお誘いすると、「せっかく練習してくるのだろうから、聞いてみるか」と笑顔で言った。
- 園児が鍵盤ハーモニカ演奏を披露しに来所した。演奏を聞いて非常に感動して「小さいのに感心な子たちだね。上手だね」と話しながら、涙を流していた。
- 午前にボランティアの会の方が来所し、「絵てがみ」を習った。野村さんは、筆を右手に持ってほおずきの絵を描いていた。

レクリエーション（音楽療法・カラオケ）

- トイレ後、多目的室までスタッフの手引き介助で歩く。多目的室では来所した音楽療法の先生と利用者の皆さんが童謡を歌っていたので、スタッフもしばらく聞かせてもらった。野村さんは、知っている歌のときには口ずさんでいた。先生に話しかけてもらい、とても表情がよかった。帰りは小声で「ありがとう」と先生にお礼を言っていた。
- おやつのあとはベッドで端座位《たんざい》になり、職員と話しながら、ほかの方がカラオケをしているのを眺めていた*。いすに腰掛け、周囲を見渡しながら「もうごはんの時間か?」「みなさんの体操が始まるか?」と話す。

*本人が参加していなくても、他利用者のレクを見ている様子を書く

レクリエーション（ゲーム）

- 野村さんが利用者5名と黒ひげゲームに参加する。順番が回ってくると「どこに刺そうかな。飛びませんように」とじっくりと穴を選び「エイッ」と剣を刺して、笑顔で楽しんでいた。一度黒ひげが跳び「おー」とびっくりしていた。
- 体操後、職員と利用者がペアでホッケーを行う。テーブルが小さく、試合の回転が早かった。点をとられると、「くやしい、今度は点をとるぞ」と笑顔で話し、真剣に行っていた。足や腕もよく動いていた。

● 四字熟語当てゲームに参加した。お答えにはならなかったが、隣の利用者と相談しながら楽しそうに参加していた。

レクリエーション（施設内外を散歩）

● ベランダの菜園に植えたミニトマトを利用者みんなと一緒に収穫した。野村さんはニコニコして「赤くてツヤツヤしているわ。おいしそう」と満足していた。

● 天気がよいので、13時半に、他利用者３名と散歩に行った。15分ほどかけて施設の周りをひと回りした。スタッフがわきを支え、野村さんと一緒に歩いた。

● 14時、野村さんと近所の公園まで散歩に出かけた。スタッフがわきを支えて、公園のベンチまで安全に歩行できた。ゆっくりと歩行しながら、「外の空気は気持ちがいいね」と話していた*。14時30分帰所した。

*スタッフの私情や所感にならないよう、本人の表情や言動を具体的に書く

行事（誕生会）

● 本日、野村さんの誕生会を行う。はじめは、「私事に皆さんをつき合わせるからやらなくていい」と参加を拒んでいたが、ケーキと近所の園児から手作りのプレゼントを受け取ると、うれしそうに笑っていた。

● 今日は１月生まれの誕生会を行う。誕生月だった野村さんは、ホールの前に皆さんのほうを向いて座り*、園長が名前を紹介した。お祝いのお花を渡すと、「恥ずかしいから」と話し、後ろの席に移動した*。しかし、スタッフからインタビューを受けると「施設に入ってから、ひとりでトイレに行けるようになってうれしい」と話していた。

*レイアウト全体の中で本人の位置はどこだったのかも書く

リハビリテーション

● 自力で起き上がり、左手で介助バーを持って、端《たん》座《ざ》位《い》を保つことができた。

● 起立訓練施行する。平行棒を使用し、立ち上がり20回行う。看護師の声かけにしたがい、しっかり体を動かしていた。

- 食堂から廊下をスタッフの手引き介助で10mほど歩いた。はじめは「こわい」と話し、足がすくんでいるので、「支えていますから、大丈夫ですよ」と声かけをする。スタッフが「いち、に、いち、に」とリズムをとると、野村さんが一緒に口を動かしながら、ゆっくりすり足で歩きだした*。

  *「行った」などの結果だけでなく、どんな順で何をしたのか途中経過を書く

- 水分補給後、テレビを見ながらひざの屈伸運動を行った。テレビに集中していたためか、痛がる様子もなく、左右5回ずつ行った。リハビリ室にて看護師と滑車《かっしゃ》運動をした。両手を自分で上下に動かしながら「昨日は雪が降ってこわかった。あれは何だ」など多弁だった。

歩行訓練

- 食堂から談話室まで車いすを自走し、スタッフの両手引き介助でソファまで、5歩歩いた。ソファに座ると隣のAさんと会話を楽しんでいた。
- 野村さんが「左ひざ（患側《かんそく》）が夜になるとだるいときがある」と話す。PT（理学療法士）が、ベッド上で両下肢《かし》のマッサージ、左下肢の可動域訓練を施行する*。「やってもらうとすごくいい」と野村さんが話す。

  *利用者からの訴えにどのように対応したかを記録する

- 訓練時、「おれが歩けなくなったのは、ここに来てからだ。うちの母ちゃんが歩かせるなって言ったから、歩かせなかったんだ。Aさんはあんなに歩けるのに、おれはくやしい」と吐き捨てるように話す。「暖かくなったら、家に行ってみましょう」と話すと「ふーん、そうだな」と言う。
- 立位訓練は、本人が希望するときに行っている。訓練時、歩行したいと話すことはなく、歩行訓練をしていない状態である。車いすからベッドの移動はできるだけ本人が行うようにしているため、本人が少しずつ自力で行い、スタッフがその様子を見守っている。

日常生活

- 野村さんは、居室のベッドに**長《ちょう》座《ざ》位《い》**で座り、テレビを見ていた。スタッフが「なにか面白い番組をやっていましたか?」と声をかけると、野村さんは顔を横に振って、テレビを消してしまった。スタッフが「邪魔してすみません。どうぞテレビを見てくださいね」とリモコンを持とうとすると、顔を横に向けて「寝る」と話し、ベッドに横になった*。

  *日々の生活で、声かけを行ったときの利用者の様子も記録する

- 野村さんは一日居室で過ごした。窓から見える木々の葉が色づいた景色をじっと見ていた*ので、「紅葉がきれいですね」と話しかけると、「もう秋か」と言っていた。

  *いつもどおり居室で静かに過ごされたとしても「変わりなく」ではなく「うたた寝をしていた・考えごとをしていた・外を見ていた」など具体的に

- 午前中はひとりで太鼓叩きをやってきたと話す。午後は指相撲を職員と楽しそうにしていた。洗濯バサミ運動の声かけすると、野村さんは「もういい」と話す。

- 野村さんがおやつのあと、ホールのソファでテレビを見ながら居眠りをしていた。スタッフが「眠いですか?　そろそろお部屋に行きますか?」と声をかけると、「暇だ」と言い、またテレビを見はじめた*。

  *なぜ居眠りしたのかを探るために声かけして、利用者の様子を書く

- 日中は、ホールで過ごしている。スタッフが「今日は4月1日ですよ」と声かけすると、野村さんが「嘘ついてもいい日だね」と話す*。「そうです、そうです。よくご存知で」と言うと、「カミさんがよう言うてました。そしたら嘘つきましょうね」と返答する。スタッフが「嘘はつかんほうがええですよ」と言うと、「今日はいいんです」と笑いながら話している。

  *人柄がうかがえる会話やエピソードは介護記録ならではのもの

- 午前中、足し算、引き算の計算問題をする。足し算は全問正解するが、引き算は途中で、「わからない」と話す。スタッフが「ちょっと、難しかったね」と声かけする。午後は、友人のＢさんと館内を散歩したり、ラウンジで新聞を読んだり、五目並べを見学しながら過ごす。

介護用語　長座位：両足を前に伸ばした状態で座る姿勢（▶P218）。

- リハビリのあと、スタッフと一緒に中庭へ散歩にいった。あっちへ連れて行ってくれというように畑の方向を指さすので、一緒に畑を見に行き「野村さん、これは何ですか?」と球根を指さすと、野村さんは「これはこーんなんになるだあ」と楽しそうに返答する*。

*会話の中で利用者の興味に気づいたら記録する。うまく会話になっていないとしても、本人の発した言動は書き留めておく

ショートステイ

- 息子さんに付き添われて来館。慣れない環境に不安そうな表情だった*。担当スタッフだと自己紹介すると、野村さんは「よろしくお願いします」としっかりした口調で話した。

*ショートステイの場合、利用者の来館の様子なども記載する。はじめて施設に来た利用者は、リロケーションダメージが心配されるため、よりくわしく表情や言動を書き、あとから介護方法の検討に役立てる

- 長女より、腰への負担がないよう、食事、トイレ、入浴以外はベッド上で過ごさせてやってほしいとの希望があり、そのように対応する旨、カンファレンスで申し送る*。

*環境の変化にどのように寄り添った対応ができたかを書く

- 野村さんより「家に帰りたい」との訴えがあったので、スタッフがうなずきながらだまって手を握った。「庭にチューリップが咲いてきれいですよ。見にいきましょうか」とお誘いして一緒に散歩する*。そのあと、ソファに座ってお茶を飲み、少し落ち着きをとり戻す。

*慣れない環境に適応できるようにどのような声かけをしたかが大切

介護用語　リロケーションダメージ：子どもの住まいに転居したり、介護保険施設に入所したりなど、急激な環境の変化が起こると、心理的な不安や混乱が高まって、今までになかった認知症や鬱症状が生じる現象。

施設で

人間関係のトラブル

人間関係のトラブルについて書くときは、正確に、客観的に、具体的に、事実のみを記載することを心がけましょう。

記録のための観察ポイントとメモ例

利用者の様子はどうか

- 隣の席のAさんが怒っているので、中村さんは困惑していた。
- 中村さんとAさんが口げんかをしていた。

トラブルの原因はなにか

- Aさんがいつも座る席と知らずに、中村さんがその席に座ったため、Aさんが怒り出した。
- 中村さんは、「ここに置いていたお茶を飲んだだろう」と隣の席のAさんと口論になった。

どのように対応をしたか

- 中村さんにスタッフの案内ミスの不手際を謝り、事情を説明して、Aさんに席をゆずっていただいた。

体調不良やケガはないか

- 中村さんが興奮して大きな声を出し、咳《せ》き込んで、口に含んでいた水を吐き出した。

トラブル後の経過と今後の対策はあるか

- 中村さんはAさんと、わだかまりなく会話していた。
- スタッフは席を案内するときに気をつける。
- 次回の食事から、中村さんとAさんの座席の位置を考慮する。

（ よくない事例 ）

4月6日	記 録 内 容
9：30	中村さんは「皆さん、おはよう」と来所すると、奥の席に座った。まもなく来所した❶**鈴木さんと**❷**座席のことでトラブルがあった**。 ❶正確に事実を書く必要があるが、利用者本人以外は実名ではなくイニシャルを記載する ❷トラブルの内容をくわしく書かないと、次の介護にいかすことはできない ❸**スタッフが説明し**、中村さんに隣の席に移ることで納得してもらった。 ❸スタッフがどのように説明したかも記録しておく その後、両者ともおだやかに会話をした。

改善

（ よい事例 ）

4月6日	記 録 内 容
9：30	中村さんは「皆さん、おはよう」と来所すると、右奥の席に座った。まもなく来所した❶**Ａさんは、**❷**スタッフに「私の席に中村さんが座っている」と怒って告げてきた。そして中村さんに「私の席に勝手に座らないで」と強い口調で訴える**。❸**スタッフは「中村さんごめんなさいね。ここはＡさんが座っている席だったんです。スタッフもぼんやりしていて、本当にすみません」と説明して**、中村さんに隣の席に移ることで納得してもらった。 その後は、両者ともおだやかに会話を楽しんでいた。

人間関係のトラブル　基本文例

利用者同士のトラブル

観察ポイント

機嫌はどうか、精神状態はどうか

- ホールで、「Aさんと一緒に食べたくない」と、大声を出した。リーダーが「中村さん、こっちこっち席をとっておきましたよ*」と言うと、いすに座り、静かになってケーキを召し上がった。

  *まったく別の角度からのアプローチで気をそらすのもひとつの手。有効だった声かけは記録しておこう

- レクリエーションの紅白戦でおたまリレーをやっているとき、中村さんは「Aさん、のろのろしてないで、早くやってよ」と大きな声で言っていた。Aさんは、「ごめんなさいね」と肩をすくめていた。

- Aさんが眉をつり上げ、目を大きく見開いて中村さんに大声でなにか言っていた。中村さんは下を向きおびえた様子だった。「どうしましたか?」と介入し事情をうかがった。中村さんはスタッフに話したことで落ち着きをとり戻し、その後は楽しく活動に参加していた。

原因となるような出来事があったか（利用者が悲しむような出来事、ショックな出来事、家族内のトラブルなど）

- 中村さんは、朝からイライラしている様子だった。「（同室の）Aさんが私に意地悪をする」と話す。話をうかがうと、今日面会にくるはずだった娘さんが来られなくなったことで、少しがっかりしていたのがイライラの原因のようだ*。

  *どのような精神状態か、わかることがあれば書く

スタッフとのトラブル

利用者はどのような状態だったか

- 入浴時、抱きかかえようとしたときに、スタッフの右肩をかんだ。
- 夜間巡回で、オムツを交換しようとしたら、スタッフの腕をたたいた。

利用者にどのように対応したのか

- 口腔ケアは不要と話し、口を開けようとしない。「さっぱりするから磨きましょう」と言うと、口を開けた*。

*どのような声かけが効果的だったかを記録しておく

- シャワーが適温であることを確認し「シャワーを足からかけますよ」と話し、お湯をおかけすると「あちちっちー」と大きな声を出した。「ごめんなさいね。熱い?」と言って温度を再確認する。「ちょっとずつかけますね」と言いながら、かけていたら何も言わなくなった。

利用者がいやだと思う本当の理由を考えているか

- 今からお風呂入ろうとお誘いすると、「いやだ」と言う。「どうしたの?」とうかがうと*、「チヨ（奥様の名前）を車で迎えに行くから入れない」と言う。奥様は亡くなっているので、認知症が進行しているのかもしれない。

*何がいやなのかを利用者と向き合い考える

- 入浴前の着脱のとき、「あんたに何の権利があって、私の服を脱がせるんだ」と自分の服を押さえる。「お風呂に入りませんか?」と誘うと、「なんであんたたちの言いなりになんなきゃいけないんだ」と話す*。

*なぜいやなのか、なぜ怒っているのかと「原因」を考えながらケアをすることが大切。以前の介護記録に原因のヒントが読み取れることもある

UMEさんのひとことアドバイス

客観的な表現を心がけて

スタッフが感情を先行して、利用者のことを主観的にとらえ、ネガティブな側面だけを記録として書いてはいけません。また、自分の気持ちを表しただけの感想文もいけません。

利用者の様子は、「笑顔・怒った表情・眉間にしわを寄せていた・大声で話していた」などのように、できるだけ客観的に見たままを書くようにしましょう。

利用者同士のトラブル

- ＡさんとＢさんが見ていたテレビ番組を、中村さんが勝手にリモコン操作でチャンネルを変えた。ＡさんとＢさんに注意を受けたが、「これはみんなのテレビでしょ。私にも見たい番組がある」と話していた。スタッフが気づき、中村さんに「どうしましたか」と話しかけ、順番に見てもらうよう説明した。

- 前回の入浴時に、Ａさんが便失禁に気づかず入浴してしまった。そのことを覚えていて、「Ａさんとは風呂に入りたくない」と話す。入浴順序を考慮すべきかリーダーに相談する。

- ホールにてＡさんに話しかけられたが、中村さんは耳が遠いので何を話しているのかわからずにいると、Ａさんがいきなり中村さんの手を引っかいた[*]。左手甲に擦《さっ》過《か》傷《しょう》あり、本人が痛いと話すため医務に報告し診察してもらう。中村さんは「私は何も悪いことはしていない」と話している。

  ＊相性の問題なのか、認知症があるのかもよく観察する

- 中村さんがＡさんのことを「この人は、私が寝てるそばで大きな声でひとり言を言うので、うるさくて昼寝ができなかった。だから、ほかのところへ連れてったと聞いていたのに、また来ている。昼寝をしているときにうるさかったら奥のほうへ行かせてくれ」とスタッフに話す。その場にＡさんもいたが、耳が遠いため聞こえなかった。

- 中村さんに「前はＡさんは昼寝をしなかったけど、いまは昼寝をされるので大丈夫ですよ」と伝える。今日は13時半までＡさんも大きな声は出さずに休まれたため、中村さんからの訴えなし。あとで中村さんから「今日はどうもなかったわ」と昼寝がしっかりできたことを聞く。Ａさんは以前から利用者の間で、「大きな声でうるさいので困る」と言われることがあるので、周囲の方にも気を配りながら過ごされる様子を見ていく。

- 夕食後、隣に座っていたＡさんと口論ぎみになり、「部屋へ送ってくれ」とのことで、車いすに誘導して居室まで送る。

- 廊下で会ったとき、「昨日、Aさんに言われたことが気になって眠れなかった。一睡もしてない」と昨日のAさんとの口論のことを話す。「そうなの。大変でしたね」と言うと、「私は余計なことは言わない」と話す。夜勤者に中村さんの睡眠状況を確認すると、眠っていたとのことだった。

スタッフとのトラブル

- 中村さんがレクの最中大きな声を出す。「静かにしてね」と言ったことに腹を立てていて、お部屋にお連れするときに「**先ほどはすみません**」と話したが、中村さんは「納得できない」と話していた。

- 入浴のため服を脱いでいたとき、眉間にしわを寄せ「何をするの」と大きな声で話し、平手で介助していたスタッフの顔をたたいた。もうひとりのスタッフがゆっくり「中村さん、急がせてしまってすみませんでした」と声かけを行い、脱衣場のいすに腰かけていただいた*。興奮が落ち着くまで少し、そのまま座って休んだ。

 *利用者を中心に問題をとらえることが大切

- 入浴時、背中を洗おうとすると「余計なことをするな」とスタッフの手をはらう。自分で洗えるところが終わったころに、「どこか洗いましょうか?」と言うと*、だまってうなずいた。今後は、先に「洗えないところをお手伝いしますよ」と声かけを行う。

 *有効な声かけができたタイミングを記録しておく

- 手を使って食べていたので「スプーンはここですよ」と声をかけると、険しい表情になり「うるさい」と言い、お膳ごと食器をひっくり返した。興奮がおさまらない様子だったが、「ごめんね。余計なこと言ってしまって。新しいのを用意するね」と話すが憮然《ぶぜん》としていた。

言い換え表現 「先ほどはすみません」

- 「さっきはごめんなさいね」
- 「先ほどは申し訳ありませんでした」
- 「レクのときはごめんね」

施設で

認知症

ついマイナス面に目がいきがちですが、本人のもっている能力、生活にいかせる機能など、プラス面を書くように心がけましょう。

記録のための観察ポイントとメモ例

表情や様子はどうか

- 落ち着かない様子だ。
- ブツブツとなにかつぶやいている。

認識障害はあるか

- つじつまの合わないことを話すことがある。

行動障害はあるか

- ひとりで外出することがある。
- 眉間にしわをよせて大きな声を出した。

幻覚・幻聴・妄想はあるか

- 「そこに侍が二人立っているから追い払ってくれ」と話す。

身体状態・精神状態はどうか

- 歩調はしっかりとしている。
- 精神的に不安定な様子。

どのように対応したか

- ひとり外出したので、後ろから付き添い見守った。
- 利用者のペースにあわせて一緒に歩いた。

（ よくない事例 ）

10月15日	記録内容
15：00	山川さんの❶**徘徊《はいかい》**が始まった。 「徘徊」のもとの意味は「無目的にさまよう」であり、介護記録の用語としてもふさわしくない
16：00	玄関から外へ出たので、見守りを行った。本人が「疲れた」と訴えるので、❷**休憩させた**。その後、施設の方向に**誘導し**、帰宅を**うながした**。 「休憩させる」「誘導する」「うながす」はどれも職員目線に立った言い方。利用者を主体とし、自尊心に配慮した書き方を心がける

改善

（ よい事例 ）

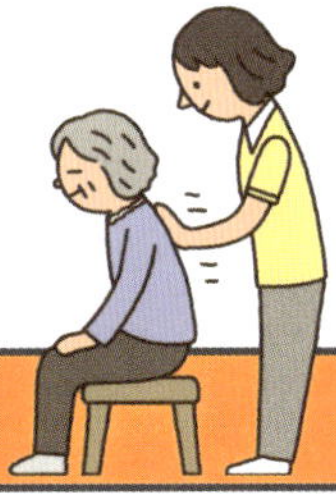

10月15日	記録内容
15：00	山川さんはソワソワし、玄関前を行ったり来たりし始めた。
15：30	❶**玄関からひとりで外出したので**、スタッフが同行した。30分ほど歩いて、山川さんが「疲れた」と言うので、公園のベンチで５分ほど❷**休憩した**。歩きながら山川さんの若いころの苦労話をお聞きした。
16：00	無事に帰所。スタッフの「おかえり」の声かけに、晴れ晴れとした様子で、大きな声で「ただいま」と笑顔で答えていた。

認知症 基本文例

観察ポイント

行動障害があったとき

> どのようなとき（時間帯・場所・関わる人）にその行動が起きやすいか

- 山川さんは、夕方になるといつものように、正門とホールの間の廊下を行ったり来たりと、落ち着かない様子で歩いている。

> 表情や言動、体の動きはどうか

- 山川さんは、「あー」と大きな声を出しながら、居間と自身のお部屋を何度も往復している。
- スタッフが「山川さん、お風呂に入りましょう」と声をかけるが、「私は結構です」と手を払いのけ、入浴を断る。

> 前後の具体的な状況はどうか

- 職員が山川さんのトイレ介助をする。「山川さん、ズボンを下げますね」と声かけをするが、山川さんは応答せず、スタッフの頭を右手でたたいた。

スタッフの対応

> どのような声かけをし、どのように対応したか

- 夜中0時に廊下を歩いていたので、「眠れませんか?」と声をかけるが、うなずくだけで言葉はない。意識がはっきりしないので、しばらく付き添って歩き「そろそろお部屋に戻りましょうか」と声かけした*。

  *認知症の方のケアでは特に、スタッフがどのようにかかわったかを具体的に記録することが大切

- エレベータの前で「これはドアが開かない」と話す。「そうですか。困りましたね」としばらく会話をする*。

  *認知症の方の言葉には、肯定も否定もしないのが基本。利用者の会話に向き合う対応が求められる

> 声かけに対する利用者の反応はどうか

- ほかの利用者の言動に興奮して「うるさい」と大きな声を出した。スタッフが隣でゆっくりと声をかけると、いくらか落ち着きをとり戻した。
- スタッフと近所の公園に散歩に出かけ、子どもたちが遊んでいる様子を見ながら、静かに会話をすると気持ちが落ち着いた。

利用者の動きと一連の流れはどうだったか

- 夜中１時、大きな声が聞こえ訪室する。「ここから出て行く」と興奮している。車いすでホールにお連れする。まだ落ち着かないので、お茶を出し様子を見る。30分ほど「帰らなくては。おばあさんがなにをしているかわからない」ときつい口調で話していた。２時ころ「眠い」と話すので「お部屋に戻りましょうか」と言うとうなずく。自分でベッドに戻り、目を閉じた。

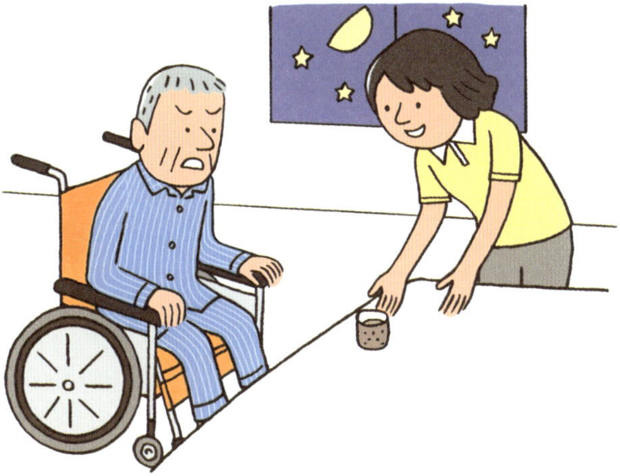

UMEさんのひとことアドバイス

利用者の立場に立った介護記録を

認知症の方の記録に「暴言をはいた」とか「叩かれた」「かみつかれた」などの言葉が見られることがあります。しかし、それはスタッフ側の目線に立った書き方です。

利用者の方の言葉や行為は、「いやだ」ということをうまく伝えることができない結果のことが多いものです。本人は決して叩きたくて叩いているわけではないことをきちんと理解しましょう。

記録の方法としては、事実をそのまま書きます。「ぶたれた」「拒否された」など、受け身的・被害者的表現はしません。「はらわれた」「肩を突かれた」ではなく、「Aさんが手をはらった」「Bさんが（スタッフの）肩を突いた」のように、主語を利用者にします。

介護をすんなり受け入れてくれなかったということがいちばんの問題です。利用者の要望が何であるのか、利用者は何を不安に思っているのか、それを探る声かけの様子を書き留めて、次のケアに役立つものにしたいですね。

認知症　応用文例

行動障害があったとき

- 午後から不穏《ふおん》になり、いすから立ち上がる。声かけを行い、いったんいすに座っていただくが、また立ち上がり、廊下を行ったり来たり歩き始めた。
- 11時30分に食事配膳し、「いつのごはんでしょうか、朝、昼？」と声かけすると「わからんねえ」と話し、手を顔の前で左右に振っている。お昼ごはんであると伝えると「もう昼なのかい。いま何時ころだ？」と話される。現在時刻を伝えると納得した表情になってうなずいている。
- 自室より出てトイレに入る。その後、自室より反対に歩いて行くため、どうしたのかたずねると「トイレに入ってきたところだ」と話す。再度、「どこに行くのですか?」と話すと笑いながら「部屋に行くつもり。反対だな。変になった」などと話し自室に戻る。
- 山川さんがひとりで玄関を出ようとしている。どうしたのかたずねると「八百屋までタバコを買いにいきたい」とのことで職員が同行する。八百屋へ向かう途中、突然「妹がここに住んでおるので、会ってくる」と言い、住宅のチャイムを押そうとする*ので、「妹さんお休み中かもしれないので、山川さんのお部屋に戻って電話連絡してからにしましょう」と伝える。山川さんは、すぐに施設へ戻ると話し、一緒に帰所する。

*行動障害といわれる行為は、見たままをそのまま記する。利用者の人格を評価したり、スタッフの感情を織り交ぜた記録は書かないように注意する

介護を拒否するとき

- 起床後、山川さんの更衣の手伝いをしていたとき、眉間にしわを寄せ「何をするんだ!」と大きな声で話し、平手で職員の顔を叩いた。廊下を通りかかった介護リーダーがゆっくりと「山川さん、急がせてしまってすみません」と声かけして、一度ベッドに腰かけていただいた。落ち着くまで少し座って休んだ。

認知障害があったとき

- 昼食時「私はおなかがいっぱいだから食べないで持って帰る。子どもに食べさせてやるからおみやげにして」と話す。「息子さんはもう食べておなかがいっぱ

介護用語　不穏：周囲への警戒心が強く、興奮したり、大きな声で叫んだり、暴力を振るったりしやすい状態。

いかもしれないから、山川さんが食べたら?」と言うと「そうかい」と食べ始めた。

- 送迎でおうかがいした際、亡くなったご主人を迎えに行くと言い、「出かけるので、邪魔しないで！　お引きとりください」と話した。
- 中庭を一緒に散歩した。「あれ、今日はセミが鳴いてないな」と話す。今は1月だが、夏だと思っているようだ。

ひとりで外出してしまうとき

- 14時半、施設内に山川さんがいないことにスタッフ（高橋）が気づき、全員で探すも、敷地内に山川さんの姿を確認できず、地域協力員に協力依頼の電話連絡を入れる*。

  *一連の流れを客観的に事実のみ記録する

- 山川さんが玄関から出ていったのをスタッフが発見する。スタッフが後ろから付き添い、そのまま自由にひとりお散歩を見守る*。15分くらい近所をひと回りすると疲れてきた様子だったので、「おうちに帰りましょうか」と静かに声かけする。山川さんはうなずくと、スタッフと一緒に帰所した。

  *見守りの状況もそのまま書く

- 山川さんが玄関から出て行きたそうにしたので、スタッフが見守る。いつもどおり、施設のまわりの歩道を右回りに歩く。一か所、左に曲がろうとしたことにスタッフが気づき、スタッフは通行人をよそおい「右じゃないですか」と声かけすると、山川さんは「ご丁寧にありがとう」と言い、右に曲がり、施設の玄関にたどりつき、部屋に戻る。
- 山川さんが東玄関と南玄関を何回も往復するため、「南公民館まで、桜が咲いているか見にいきましょう」と散歩に誘う*。桜を見て近所を一周するが、歩くたびに「どこまで行くんだい」と何回も言っていた。

  *利用者の動き、それに対して行った介助の事実を記録する

- ひとりで外出するのを、後ろから見守りながらついていった*。しばらくするとお疲れの様子だったので、「うちに帰ろうか」と声かけして帰所した。安全に帰ってこられた。

  *事故がなければ、外出の状況のみ簡単に書いてもよい

被害妄想があったとき

- 「お財布がなくなった」との訴えあり。「Aさんが盗んだ」と言うので、「それは大変」と言い、居室を探す*。「ポケットも見ましょうか」と言って山川さんのポケット内を見ると、お財布が入っていた。山川さんは「よかった」とほほ笑んだ。

  *話の誤りを指摘するのではなく、話に向き合う傾聴姿勢を心がける

- 「Aさんが私のことをきらっていて、私の命を狙っているから電話通報してくれ」と話すので、ゆっくりと話を聞く。「確認しておくね」と山川さんに伝え、ほかの職員にもその旨を申し伝える*。

  *ほかのスタッフと利用者の言動などについて情報を共有するためにも記録は大切

作り話・妄想があったとき

- 「どうしても妻に会いにいかないとならない」と山川さんが話すので、送迎車に一緒に乗って施設の周囲をひと回りした。景色の話などをしているうちに奥さんの話をしなくなり、施設に戻る。その後、お好きなコーヒーを1杯飲むと気持ちが落ち着き、そのあとはホールでテレビを見て過ごした。

- 山川さんが「わぁー」と大きな声で泣き出した。「山川さん、どうしたの」と声かけすると、「この人がジッと私をにらんでいる」と、隣に座っているAさんを指さした*。スタッフが「Aさんが山川さんにお話があったみたいよ」と話し、お茶を手渡すと落ち着きをとり戻した。

  *スタッフ側の視点ではなく、見たままの様子をそのまま記録する

- 夕食前、山川さんの居室から「助けてくれ～」という声が聞こえた。Bさんは

UMEさんのひとことアドバイス

記録法に迷ったときはエピソード型で

どのように記録するか迷った場合は、その場面の経過（エピソード）を会話文なども入れながら、ありのままに記録する「エピソード型記録」という方法にすると、書きやすいでしょう（▶P67）。

【例】スタッフがキッチンで夕食の後片付けをしていると、居間でくつろいでいた山川さんとAさんが口論になっている。山川さんは「そこにいると邪魔だ」とAさんに返答していた。スタッフが間に入り、その場を収める。

車いすを自走して食堂に向かっていたが、ちょうど山川さんの部屋の前にいたスタッフが山川さんの部屋へ行こうとすると、Bさんも山川さんを心配して一緒に訪室する。山川さんはBさんの顔を見て、しばらくの間手をそっと握っていた。

- 午前中から「大きな消しゴムがない。だれかが盗っただろうか」と話す。「調理のため午前中は無理なので、昼から探してあげる」と話す。
山川さんは、昼寝から起きてきて「消しゴム買うから、お金ください」と話す。「もう少しお待ちいただけませんか」と伝えるが、本人が納得できない様子だったため、買い物に行く職員にお願いし、一緒に付き添ってもらう。
本人がいない間に部屋を探すと、タンスに消しゴムが入っていたので、帰ってからお見せする。買ってきた消しゴムは職員が預かった。

- 「小銭入れがなくなった」と話す。小銭入れはお持ちではないが、「それは困ったね」とスタッフが一緒に探した[*]。山川さんは、探し疲れたのか、いすに座って休んでいたので「一度休憩してから、また探しましょうか」と言って、お茶を飲んで別の話題で盛り上がったら、小銭入れのことは話さなくなった[*]。

*単純に「妄想あり」「幻覚あり」という記録ではなく、幻覚や妄想による言動とスタッフの対応を記録すると、ほかのスタッフにとってもあとのケアの参考になる

幻覚・幻聴があったとき

- 山川さんが電気コードを指さして「そこにへびがいるから追い払ってくれ」と話す。スタッフが「今度見つけたら追い払っておくからね」と話し、「食堂でお茶でも飲んで待っててね」と言うと「よろしく頼みます」と言って食堂へ行った。

- 山川さんがホールで、壁に向かって話をしていた。スタッフが「どうしましたか?」と声かけすると「そこにいる人にお名前を聞いていたのさ」と話した[*]。スタッフが確認したが、壁にはカレンダーが掛かっているほかはなにも見受けられなかった。「お茶でも飲んで休んで、昼寝をしましょうか」と誘い、食堂に案内した。いすに座りお茶を飲みながら、15分ほど休んだ。

*利用者の言葉に耳を傾け、話した内容をそのままの表現で書くとよい

- 山川さんは「耳のそばで、ワシの悪口を言っている」と話す。だれもいなかったが「今度山川さんのそばにそういう人が来たら私のほうから話しておきますからね」[*]と言うと、「よろしく頼むぞ」と話した。

*どんな声かけで安心感を与えられたのかを書き留める

昼夜逆転・夜間せん妄があったとき

- ４時半に、ホールに来て、「下の歯（入れ歯）はないのか?」とたずねるので、歯を失っていないことを告げる。ついでに顔を洗っていた。そのあと「タオルがほしい」といった表情をするので、居室から取ってきて拭いてもらう。起床には時間が早いことを告げると入床し朝まで休んだ。
- ４時からトイレに行くわけでもなく寝たり起きたりのくり返しで、ベッドに入っている時間が短くあまり寝ていない。４時前のトイレ後より窓際にカバンと帽子を置いている。今夜は眠れないようだ。「眠れませんか?」とたずねると、「ふふふふ」と笑っているのみであった。

喚語困難があったとき

- 山川さんがソファに座り、スタッフの顔を見つめているので「山川さん、どうしたの？」と話すが、歯ぎしりをしながら「うー」と小さな声を出して**喚《かん》語《ご》困難《こんなん》**になっている。大切な人形をお部屋に忘れてきたのだと気づき、スタッフが取りに行く。山川さんは小わきに人形を抱きしめて安心した表情になった。

記憶障害があったとき

- 山川さんが「あなたはお役所のお人？」と聞くので、スタッフが「ここの職員ですよ」と返答する*。お茶を入れ、他利用者と談笑をしていると、山川さんが「ところであなたは、近所のお人だったか？」と話す。スタッフが「山川さん、私ね、ここの職員ですよ」と返答すると、「ほほう、そうか、よろしくね」と深々と頭を下げ挨拶をする。スタッフも「よろしくね」と手を握った。

*利用者がどのようなことを言い、それに対してどのように答えたのか、具体的に書いておく

不潔行動があったとき

- 山川さんがオムツを自分ではずしていた。「オムツ、きつくて苦しかったですか」と話すが無言。「気持ち悪かったですね。お取り替えしますね」と言うとうなずいた。洗浄、清拭《せいしき》をして、オムツ、汚れた衣服、ラバー、シーツを交換する。

介護用語　喚語困難：何か言いたいときに、言うべき言葉が出てこないこと。

暴言や大声、攻撃行動があったとき

- 誕生会の行事の開始直前に、眉間にしわを寄せ、怒ったような表情で「ばかやろー、さわるな！」と大きな声で叫ぶ。「これから歌が始まるよ」と声かけする。

- ボランティアで手品を披露してもらっているとき、山川さんは突然大きな声で話し始めた。スタッフが「これからいい場面だよ」と静かに声かけし、口に人差し指をあて「しー」という動作で知らせる*。それでも大きな声で話していた。「お部屋に戻ろうか」と声かけするとうなずいたので、居室にお連れした*。

*利用者の気持ちを察して、早めに声かけや介助のアプローチを行う。どのような声かけをしたか、利用者の反応はどうだったかを記録する

- 山川さんが居室で大きな声を出していた。ほかの職員が行くと、さらに大声を出す。スタッフが「こんにちは」と言うと、ニコリとしてハイタッチをした。

- 山川さんの隣に座ったAさんに「だれだ、だれだ」と話しかけていた。何度か話しかけてもAさんが返事をせず黙っていたので、興奮して「返事をしろ」と大声で怒鳴った。スタッフが「Aさん、ごめんね、お隣は山川さんよ。よろしくね」と伝えて、山川さんとAさんのその後の様子を見守った。

- スタッフが食堂のいすに座っている山川さんに近づくと、突然立ち上がり興奮した表情になり、「わー」と大きな声を出し、スタッフの腕を力いっぱいつかむ。スタッフが「山川さん、ごめんなさい、びっくりさせちゃったみたい。私も座るから山川さんも座ろう」と声をかけるも、しばらく興奮が収まらず、テーブルを手のひらで何度もたたく。周囲の利用者に「大丈夫よ、心配しないで」と声をかけながら、山川さんのそばに寄り添い、見守りを行う。15分ほどすると、山川さんは疲れた表情で席に座り、「ふー」と大きくため息をついて落ち着きをとり戻した*。

*どのような声かけを行ったら落ち着いたのかくわしく状況を記録する

異食があったとき

- 排泄の際、便に糸が混ざっていた。布団のほつれた糸を食べていたようだ*。すぐにスタッフがほかに布団や衣類のほつれがないか、確認をする。

*異食（食べ物ではない物を口に入れる行為が見られること）と判断した根拠について書いておく

在宅で

家事支援

利用者の要望にどのように対応したかが中心になるのが、訪問ヘルパーの記録。見守りで気づいたことを記載しましょう。

記録のための観察ポイントとメモ例

生活環境はどうか

- 暖かくなってきているが冬物の洋服を着ていたので、衣類の整理をした。
- 室内が乱雑になっていたので、整頓した。

配慮が必要なことはなにか

- かかりつけ医から塩分を控えた食事にするよう注意されている。
- 左半身マヒがある。
- 耳が遠いので、少し大きな声で話すようにする。

どのような会話があるか

- 体調が悪いらしく、口数が少ない。
- 「若いころは、よく山登りをした」と写真を見せてくれた。
- デイサービスでリハビリをがんばりすぎたとのことで、体が少し痛いと話す。

サービス利用の目的、必要な介助はなにか、生活習慣に沿った支援ができているか

- 週3日訪問し、2日分の食事を作り置きしている。
- 毎朝、起床介助とデイサービスの準備をしている。

（よくない事例）

3月31日	記録内容
11：30	❶**訪問時は食事中**。服薬を確認し、胸のシールを貼り替 うかがった際の利用者の様子はできるだけくわしく具体的に書く える。昼食の希望を聞いて、調理を行い、冷蔵庫に入れる。 その後、洗濯をとり込む。❷**薬の飲み忘れあり**。

飲み忘れていたのはいつの薬なのか？日付や時間などは、あとから重要な情報になるので、正確に記録する

改善

（よい事例）

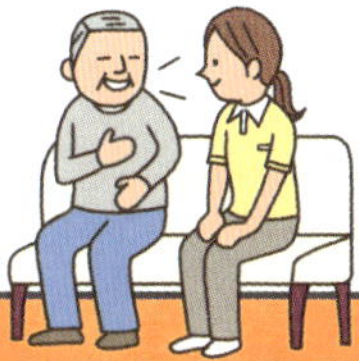

3月31日	記録内容
11：30	❶**訪問すると「今、ごはんを食べているところだよ」と声がした。自宅のすぐ裏手の丸山医院の野草をとってきて刻んで絞って飲んでいると体の調子がよいとのこと**。 服薬と胸のシールの貼り替えを行った。 訪問中にトイレに行き、便が出たと話されていた。イワシ煮とカレーライスが残っていた。みそ汁とほうれん草のゴマ和えを希望されたので、調理した。ポットの水がほとんどなかったので補充した。 洗濯物をとり込んでいるときに、❸**ウグイスの鳴き声が聞こえてくると「おお、春だね～」とうれしそうにほほ笑まれていた**。 スタッフが行った介助だけを書くのではなく、利用者とのやりとりなどもくわしく記録する ❷**30日（夕）の薬の飲み忘れがあり**。

家事支援　基本文例

観察ポイント

身体介護を含む家事支援を行ったとき

利用者の自立支援のための働きかけができているか

- ベッドにてテレビを見ていた。ひげがのびていたので「おそりしましょうか」と言うと、「大丈夫だよ」と話し、自分で電動シェーバーでそった。掃除はプランどおりに行い、生ゴミ、その他ペットボトルを外に出した。

どのような支援を行ったか

- 訪問時、茶の間に座っていた。デイケアの準備をしていると「あれ？　今日はデイだったっけ？」と珍しくデイケアに行く日であることを忘れていた*。服薬を介助して、デイケア用のカバンを指定の場所に置いて退去した。

*気になったこと、気づいたことも書いておく

- ベッドをギャッチアップしてテレビを見ていた。ベッド上で両足運動後、パットを確認。尿多量に汚染しており、全更衣した。便、肛門に少し付着しており清拭《せいしき》をした。その後、**半座位**《はんざい》になり腕を前に伸ばしてグーパー運動を行った。

- 朝食介助とゴミ出しのために8時半に訪問。しかし、すでに収集が終わっていた。市役所に問い合わせたところ、今月から収集時間が30分早まったとのこと。訪問時間を早める必要があることを、サ責（サービス提供責任者）に報告した。

UMEさんのひとことアドバイス

利用者のお城である自宅で支援をするということ

多くの施設では決まったケアの流れがあり、そのスケジュールに沿って利用者が生活しています。しかし訪問介護サービスは、利用者のご自宅での生活サイクルを崩さないように配慮し、一人ひとりの生活上の「こだわり」に合わせてケアを行います。

利用者の意向をお聞きし、それに応じてケアを組み立てていきます。ただし、言われたことをすべてするのではなく、あくまでも利用者が自立した生活が送れるようにするためのケアを心がけ、手を出しすぎない「介護のプロとしての意識」を忘れないようにします。

介護用語　半座位：上半身を約45度起こして座った姿勢（▶P218）。

家事全般を行ったとき

- 青木さんはコタツに横になっていて「コタツが暖まらない」と話した。「弱」にセットしてあったので「強」にした。低温やけどが心配なため、帰るときは「弱」に戻し、直接コタツの発熱部品に触れないように声かけした。洗面し、パンとスープの食後に服薬。お茶、おやつを用意してテーブルを片づけた。デイサービス用のカバンに下着を入れ、いつもの玄関わきに置いた。

- 娘さんの介助により、青木さんは着替えも終わり、ソファに腰かけていた。サトイモの煮物を希望されたので用意した。味はお好みの薄味にする*。体調はよく元気だと話す。モップ、拭き掃除、トイレ掃除を行った。

＊料理に関しては、利用者ごとに味付けや好みを聞いて応じ、それを記録に残すと、ほかのスタッフの参考になる

- 青木さんは、和室にいて「つい今しがた起きたところ」と話し、自分で入れ歯を入れていた。朝食準備、ゴミ出し後、お茶を出して、玄関と廊下の掃除を行った。青木さんは、お茶を飲みながら、若いころの写真を見せてくれた。8時30分、いつものように長女から電話がかかってきたので、体調変化なくお元気であると報告した。

- 青木さん宅に訪問する。ノックしながらドアを開けると青木さんが玄関に腰を下ろして休んでいた。「どうされましたか?」と聞くと、「近所を散歩しようとしたが、疲れてすぐに戻ってきた」とのこと。「居間で少し休みましょう」と声かけし、居間のソファに腰かけお休みいただく。部屋に脱いだ衣類を集めて洗濯する。冷蔵庫には豆腐、卵焼きの食べかけが残っていたが、少し臭うのでお聞きしたうえで処分した。洗濯物を干し、昼食と夕食を作り、夕食は冷蔵庫に保存し、退去する。

在宅で

食事

おいしく安全に食べていただくのはもちろんですが、食事内容や嚥下《えんげ》状態など、気づいたことは、忘れずに記録しましょう。

記録のための観察ポイントとメモ例

姿勢は安定しているか

- ベッド上で食事をしているとき、何度か右側に傾く。

食事中の様子（会話・表情）はどうか

- 「この煮物は私の好物なんだ」と笑顔で話す。

食事量はどうか

- 好みをうかがいながら調理しているが、食事量は日によってムラがある。

食器はもてているか

- おはしとスプーンを使い、自分で召し上がる。

そしゃく・嚥下《えんげ》に問題はないか

- 口の中で長い間モグモグしていて、なかなか飲み込めない。

口腔《こうくう》の状態・義歯に問題はないか

- 義歯を入れるのを忘れたまま、食事を始めそうになる。

よくない事例

7月11日	記録内容
8：30	訪問時はベッドで寝ていた。
8：40	茶の間で食事中、❶**誤嚥《ごえん》する**。 何を食べたときにむせたのかを書く

改善

よい事例

7月11日	記録内容
8：30	訪問時は、ベッドで寝ていた。10分くらいすると「よく寝ていた」と起きた。
8：40	娘さんの準備した朝食ができたので「お食事ですよ」とお伝えすると茶の間に来て、自分で食べ始めた。❶**最初にお漬け物を口に入れた途端に急にむせ込む**。3回ほどせき込むが、お茶を飲んで落ち着く。 ❷**ヘルパーが「大丈夫ですか？」とうかがうと、「もう大丈夫です」と返答するので、「ゆっくり少しずつ召し上がってください」と声かけを行い、様子を見る**。 ヘルパーはどのように対応し、利用者はどのような状態だったのかを、くわしく書く

食事 基本文例

観察ポイント

食事中の様子

食欲はあるか

- 配食のおかずを「おいしくないので食べない」と言う。ちくわを冷凍庫から出し、レンジで温め、食べやすくして用意したら、残さず食べた。
- 風邪気味のため、のどが痛くて、食欲がないとのこと。微熱（37度）があり、咳《せき》がときどき出る。ヘルパーが「うどんではいかがですか？」とすすめると、青木さんは「うどんなら少し食べられるかもしれない」と話すので調理して食べていただいた。スポーツ飲料を200cc飲んだ。

本人はどのように食事をしたいと思っているか

- 夕食の声かけをし、起きるかベッドで食べるか聞くと「起きます」とのことで離床する。自分で食事をし、副菜とお茶を残すが、ほかは全量食べる。調子を聞くと「どうもないです」と話した。

寝起きのときなどはどう対応したか

- 食事介助のため声かけするが、青木さんは眠っており開眼しない。再度声かけし覚醒《かくせい》したのを確認する*。「よくかんで食べてくださいね」と声かけしながら介助を行う。

*寝起きの場合は「覚醒」を確認したことを記録に残すとよい

UMEさんのひとことアドバイス

食事は一日3回の大切なイベント

訪問介護で行う食事支援は、利用者の在宅生活において、最も基本となる重要な関わりです。しかし、食事は利用者がこれまでの人生の中で培ってきた味覚やこだわりがあり、関わるヘルパーも支援の難しさを感じる部分でもあります。

食事場面の記録は、摂取量や食べている様子だけではなく、食卓の様子や食事中のヘルパーとの会話もときどき書いておくことで、その場面が読み手によりよく伝わる記録になります。

食事 応用文例

食事中の様子

- 手とテーブルを拭いて食事をした。12時から20分で、昼食を主食・副食とも、すべて召し上がった。スタッフは半介助を行った。
- 夕飯は、みそ汁、カレイの煮つけが用意してあったので、それをヘルパーが温めて食事準備した。青木さんはおいしそうに食べていた。「明日の朝用のごはんがない」と話すので、米量はヘルパーが計り、青木さんが自身で洗って炊飯器の予約セットをした*。

  *本人ができることを記録しておくことも大事
- 娘さんより、奥歯を歯医者で抜いたが、昼食もいつもどおりの食事でよいと連絡帳に書き込みあり。娘さんが準備していったみそ汁と野菜の煮物を温めて召し上がる。

嚥下障害・誤嚥・窒息があったとき

- 前回、食事中にむせ込みがあったので、今日はおかずにとろみをつけて提供した*。むせ込むことなく、ごはんをお茶碗半分、おかずは全部食べた。

  *利用者の表情や意向、スタッフの声かけや関わりなど、前回との違いがわかるように書く
- 17時、台所でコーヒーの用意をしているときに「うう……」という声が聞こえたため、振り向くと青木さんがみそ汁を誤嚥《ごえん》し、目から涙をこぼし苦しそうにしている。背中を4、5回タッピングすると複数回咳込み、唾液《だえき》を吐き出す。咳が落ち着いたのでソファに安静にさせ、サ責（サービス提供責任者）へ電話連絡し指示をあおぐ*。その後すぐにサ責より「様子を見ていてほしい」と連絡あり、経過観察する。

  *食べ物をのどに詰まらせたときは、施設の場合と同様で、どのように対応したのか正確に記録する

在宅で

入浴

家庭での入浴は、どのような準備をしたのか、どのような備品を使用しているのかなども、必要があれば記録しましょう。

記録のための観察ポイントとメモ例

入浴前の健康状態はどうか

- 入浴前に健康チェックをして、体調を確認してから入浴した。

表情・動作に異常はないか

- 湯船に浸かると気持ちよさそうに目をつぶった。

環境は整っているか

- 入浴を楽しみにして、ヘルパーの訪問を待っていた。
- あらかじめ浴室を温かくしてから、入浴した。

本人や家族の希望はなにか

- 1か月湯船に浸かっていないので、ゆっくり湯船に浸かりたいとのこと。

必要な介助はなにか

- すべて自立しているので、安全に配慮し見守りを行った。

危険は回避できているか

- 浴室から立つときに手すりにつかまっていただくよう声かけした。

よくない事例

11月21日	記録内容
14：30	❶**洗身洗髪など入浴介助を行う**。本人の希望により今日は長くお湯に浸かる。❷**いつもと変わりなく、入浴され**、満足な様子だった。 入浴の手順もわかるように 入浴中の利用者との会話やしぐさも記す

改善

よい事例

11月21日	記録内容
14：30	❶**両手両足は、加藤さんが自分で、時間をかけて丁寧に洗っていた。** **スタッフが洗髪、背中の洗身介助を行った。臀部《でんぶ》、足先は手が届かずスタッフが介助した。** 手すりにつかまりながら自身で浴そうに入ると❷**「いやぁ、久しぶりに風呂に入ったよ。いい湯っこだなぁ」と話しながら、ニコニコほほ笑んでいた。その後、歌を歌い始めた。スタッフが「加藤さん、上手ですね」と声をかけると、照れたように頭をかいていた**。 「上がりましょうか」と声かけしたが、「もうちょっと」「もう少し」など言われ、10分近く浸かってから上がられた。

入浴 基本文例

観察ポイント

本人はどのような入浴を希望しているか

入浴中の様子

- ゆずの香りの入浴剤を入れてほしいと話す。
- 今日はシャワー浴をご希望なので、ベッドサイドでシャワーキャリーに移乗し、バスタオルをかけて浴室まで移動した。
- 寒くなってきたので、湯温を39度まで１度上げてほしいとの要望だった。
- 風呂場が寒いから入りたくないとのこと。湯船にお湯をはり、脱衣所と浴室をあらかじめ温めてから、「お風呂場が温かくなりましたよ」とお誘いした。
- 清拭《せいしき》の予定だったが、体調がすぐれないため手浴とし、「頭がかゆい」と話すので、ドライシャンプーをした。

家庭風呂ならではの危険は回避できているか

- 浴室に手すりがないので、滑って転倒しないよう、注意して浴室に入った。
- 足のふんばりが弱く立ち上がりが困難になり*、家庭浴そうへの移動に時間を要す。現状の入浴状況について、サ責（サービス提供責任者）に報告する。

＊身体機能の変化については、注意が必要

入浴後の様子

入浴後の体調の変化はどうか

- 入浴後、家族（夫）からの要望にて、両手・両足の爪切りを行った。少し湯疲れした様子だった*ので、安静にしていただいた。

＊入浴後の体調を確認し、気づいたことがあった場合は記録する

- 入浴後、腰に湿布を塗布した。

入浴 応用文例

入浴中の様子

- 足が浴そうの底に着いているか確認すると、患側《かんそく》の小指が内側に反っているため、ヘルパーが手を添えてしっかりゆっくり伸ばす*。健側《けんそく》の足に力を入れていただき、浮力を利用して**起《き》居《きょ》動《どう》作《さ》**を介助した。
  *危ないなと感じたことは、次の危険を回避するためにも記録する

- 自身で洗髪されたあと、「シャワーで流しますね。目をつぶってくださいね」と伝え、ヘルパーがシャンプーを流した*。
  *どのような介助を行ったのか記録する

- ご家族から「湯船に浸かるのは3分まで」と伝えられていたので、およそ3分経ったところで「そろそろあがりましょうか」と声かけをした。

入浴後の様子

- 入浴見守り後、更衣を介助したとき、右太もも外側に青あざがあった*。「ここは痛みますか？」と聞くと、「あれ、なんだろう？」と打った覚えがないようだった。念のため、長女に報告した。
  *入浴時は全身を観察できる。その際に気づいたことはすべて書く

機械浴を行ったとき

- 看護師が入浴前のバイタルチェックと全身観察。異常なく看護師の入浴指示がおり、組み立てた浴そうにお湯をはった。スタッフ介助で浴そうに移っていただき、洗髪、半身浴、入浴介助を行った。

入浴はせずに清拭を行ったとき

- 訪問するとコタツにもぐるように入られて、テレビを見ていた。「今日はお風呂に入りましょう」と誘ったが「風邪気味だから入りたくない」とのこと。「では、体を拭きましょう」と清拭《せいしき》の準備をしたが、「今度でいい」と話す。「さっぱりしますよ」ともう一度お誘いすると「そうかい。じゃ、やってもらおうか」と言われたので、清拭を行った。

介護用語 起居動作:おもに「寝返り」「起き上がり」「立ち上がり」「座る」など、姿勢変換のための動作のこと。

排泄

排泄は健康のバロメーターです。利用者がつねに快適に生活するために、状態の変化があるときだけではなく、日ごろの安定している状態も記録しておきます。

記録のための観察ポイントとメモ例

環境はどうか

- トイレに手すりがとり付けられ、立位保持が安定する。
- 替えのオムツが少なくなっていることを本人とご家族に伝える。

姿勢はどうか

- 便器に座り、座位《ざい》は安定していた。

皮膚の状態はどうか

- 右臀部《でんぶ》に赤みあり。ご家族に伝える。要経過観察。

尿意・便意はあるか

- 尿意を感じて「トイレへ行きたい」と訴えあり。

便や尿の状態・量はどうか

- 尿（多量）汚染にて、全更衣する。

自身でできることはなにか、必要なケアはなにか

- 排泄後の後始末も自身で行う。
- 手すりにつかまり、立位は保つが、ズボンの上げ下げは介助が必要。
- 歩行機能の低下により、自宅のトイレの利用が困難になる。

（よくない事例）

10月4日	記録内容
9：30	おむつ交換。❶**尿失禁（＋）。コート（－）**。❷**便、肛門に付着あり**。 訪問介護のサービス提供実施記録などは、ご家族が閲覧することが多いので、記号や専門用語などで記録しない 排泄ケアを行う前、行ったあとの利用者の様子、特にどのような状態なのか記録する

改善

（よい事例）

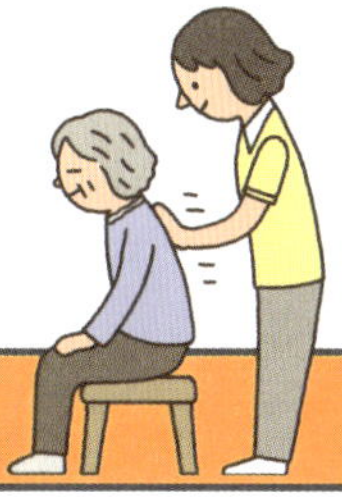

10月4日	記録内容
9：30	ヘルパーが「オムツを交換させていただきますね」と杉本さんに声をおかけし、オムツ交換を行った。 ❶**排便はなく、微量の排尿あり、パットのみ交換した**。❷**便、肛門に少し付着があったので、清拭《せいしき》をした。右側臥位《そくがい》に体位変換を行った。体調変化はなく、目をつぶりお休みになっていた**。

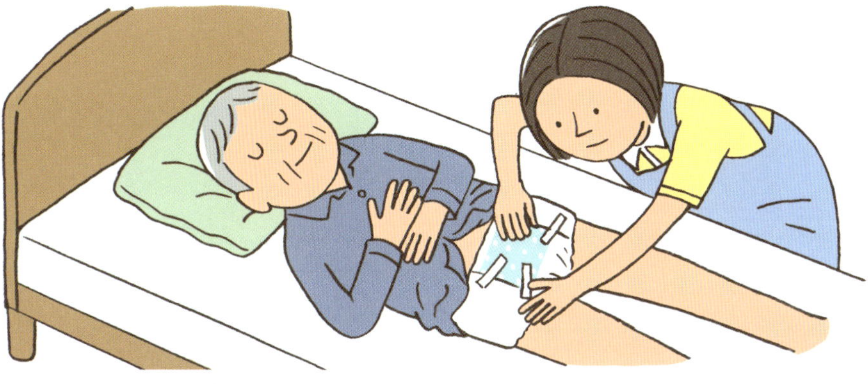

排泄 基本文例

観察ポイント

環境や、排泄状況はどうか

トイレへの移動

- 「トイレがせまく、車いすへの移乗が困難になったため、夜間に私が介助するのが負担になってきた」と娘さんから相談を受ける。ご相談にのり、その旨をサ責（サービス提供責任者）へ報告する。
- トイレまで自分で這《は》っていくのを見守り、便座には支えて座っていただいた。トイレまで自分で行くのがつらくないかうかがうが、本人はこの方法がよいと話す。
- 訪問するとすぐに「トイレ」と杉本さんが話す。急いでポータブルトイレに移乗介助する。昨夜の排便がそのまま残っており、少量の排尿後に一緒に始末をする。
- 車いすでトイレまで移動。「転ばないように手すりにしっかりつかまってね」と声かけして、杉本さんに立位保持をお願いする。急いでリハビリパンツを下ろし、トイレに腰かけていただく。

UMEさんの
ひとことアドバイス

自宅の限られた居住空間をどう活用して排泄ケアを支援するか

在宅での排泄ケアは、単に排泄行為を補うという関わりではありません。排泄という生活行為を通じて、その機能を維持、あるいは向上するためのリハビリも目的のひとつです。

施設のような広い自由な空間で介助を行えるわけではありませんが、せまく不便な環境で、いかにして利用者自身が工夫して排泄を行っているのか、またヘルパーがそれをサポートしているか、記録に書くことが大切です。

排泄が「できる」「できない」は、利用者のADL（日常生活動作）だけではなく、排泄環境によっても大きく変わってきます。たとえばせまいことで、逆に壁に寄りかかったり、手でつかまったりしながら体幹を安定させられることも考えられます。あたり前と思わず、さまざまな部分に観察視点を向けることが大切です。

排泄　応用文例

トイレへの移動

- 杉本さんが尿意をもよおし、トイレへ行った。壁を伝い歩きで移動するのを見守り、便座へ腰かけてから、少し腰を浮かせてもらいヘルパーがズボンを下ろしてドアを閉めた。排尿後は自分で後始末され、手すりにつかまり立位を保持していただきながら、リハビリパンツとズボンをヘルパーが上げた。
- 決まった時間にポータブルトイレに座らせてほしいとの希望があった。15時に「トイレはいかがですか？」とヘルパーが聞くと、杉本さんは「したくない」と話したが、「座ってみませんか？」ともう一度たずねると「そうだね」と返事をした*。

＊利用者との関わりを会話を交えて書く

オムツ交換

- 天気もよく、杉本さんが気持ちよさそうにテレビを見ていた。パット確認（尿多量）し清拭《せいしき》後、端座位《たんざい》にて前後運動。
- ポータブルトイレへ移動し、中量の排尿と少量の排便を確認する。陰部洗浄、清拭後ベッド上にてパット、リハビリパンツを交換する。臀部《でんぶ》が赤くアズノール湿布をした。
- 両足の運動をすませ、排泄介助を行った。パット内に中量の尿、少量の便があった。陰部洗浄後、清拭してパットを交換。手の運動を行ったが、痛みの訴えはなかった。
- 23時、預かっていた鍵で玄関を開けて宅内に入った*。ベッドで就寝中だったが、静かにオムツ交換を行い、23時10分、玄関を施錠し辞去した*。

＊鍵の扱いは防犯のためにも慎重に。開閉についても明記する

在宅で 家族への対応

家族との関わりや家族からの依頼事項は、しっかりと記録に残し、スタッフ間の情報共有に努めましょう。

記録のための観察ポイントとメモ例

家族や利用者の様子はどうか

- 利用者が「リハビリがいやで、通所したくない」と言っている。

家族との関わりの様子

- 娘さんに、本田さんがリハビリを苦痛に感じていることを伝えた。

利用者と家族への対応は適切か

- 利用者とご家族が納得する介護方法を提案した。

家族の意向・要望はなにか

- 娘さんは本田さんにリハビリをしてほしいと思っている
- 息子さんは、本田さんに無理をさせず、一日ベッドでゆっくり過ごさせることを望んでいる。

家族への連絡、説明に問題はないか

- 娘さんの来所時に本田さんの意向を伝え、話し合いの場をもった。

よくない事例

2月16日	記録内容
14:00	本田さんがリハビリをやめたいと❶**言い出した**。家族はリハビリを強く望んでおられるが、本田さんがつらい思いをしていると思うので、❷**家族に**もう少し理解してもらうようにうながす。 ❶ネガティブな表現は避ける ❷続柄を明確にし、「娘さん」などと書く

2月17日	記録内容
10:00	❸**検討の結果**、下肢《かし》のリハビリは継続になって❹**しまう**。 ❸「検討の結果」では、だれが検討したのかわからない。また家族の同意を得たかどうかの情報も記録に残す ❹「〜しまう」もネガティブな表現

改善

よい事例

2月16日	記録内容
14:00	本田さんのリハビリ後、お部屋へお連れする際「体を動かすと痛い。もうリハビリはやめたい。今さら歩行訓練をして何になるんだ」と❶**話す**。 ❷**娘さん**は「このまま歩行練習を続け、こちらの施設でお世話になりながら過ごさせたい」とご意向を話す。

2月17日	記録内容
10:00	娘さんが来所したときに「お父様がリハビリを中止したい」と話していることを伝える。❸**娘さんの意向も考慮しながらケアカンファレンスで検討し**、歩行訓練をすべてやめるのではなく、時間を短縮しながらも下肢の機能維持を図るという方向性で❹**変更となる**。ケアマネが娘さんにご説明し、同意をいただく。

家族への対応 基本文例

観察ポイント

訪問介護で

> 家族の要望にこたえられているか

- 訪問すると、奥様から、便が３日出ていないので、浣腸をしてほしいと頼まれた。バイタルチェックを行い、異常がないのを確認して「便が出てないので、お尻からお薬入れますよ」と声かけして、ベッド上で側臥位《そくがい》になっていただき、グリセリン浣腸を行った*。

＊予定外のサービスを提供する場合は、事前に上司に相談する

- ひとり暮らしの本田さんを起床介助で訪問。週2回食料などを届けに来る娘さんが、風邪で寝込まれたとのこと。娘さんから電話があり「牛乳とパンを買ってきてほしい」と申し伝えを受ける。本田さんからお金500円をお預かりし事業所に連絡して、近所のお店で牛乳とパン２つを購入し、つり銭150円と購入品をお渡しする。

> 家族の介護負担の軽減に役立てているか

- 本田さんの奥様が、「最近、腰が痛くて、体位変換がつらい。夜中に、オムツ交換で起きるのもつらい」と話された。腰に負担がかからないような体位変換の方法について説明し、サ責（サービス提供責任者）へ奥様の様子を報告する。

> 家族と介護スタッフの連携はうまくとれているか

- 食事介助で、本田さんを訪問した際、褥瘡《じょくそう》への軟膏塗布とパッドシート貼付を家族（妻）から依頼されたが、介護職員ができる医療行為には制限があることを伝え、訪問看護師への連絡ノートにその旨を記入した*。

＊法令上の医療行為を家族から頼まれた場合は、家族に誤解を与えないように正確に伝える。また判断に迷ったら、あいまいな受けこたえはせず、サ責に連絡し、行政の指導をあおぐ

- 薬を飲むときに、「あごを引いて飲んで」とお願いすると、そばにいた奥様が「いつもあごを上げたまま口に入れているから大丈夫」と言う。再度、誤嚥《ごえん》性肺炎の危険性があることを伝えご理解を得ようとしたが、いつもどおりでいいと話す。サ責から看護師へ連絡をしてもらい、看護

師からの指導を受けると、ご家族は納得して、本田さんは安全に薬を飲み込んだ。
＊他専門職スタッフと連携をとったことを記録に残す

- 生活介助（掃除と洗濯）のために訪問したところ、本田さんはデイケアで留守だった。ご主人は在宅で「連絡し忘れた」とのこと。「本人は留守だが、掃除と洗濯をやってほしい」とご主人から依頼された。サ責に電話を入れ、ケアマネから「本人不在の場合はサービス提供できない」旨を伝えてもらい、納得していただいたのち、辞去した。

UMEさんのひとことアドバイス

ご家族は介護専門職であるあなたに何を求めていると思いますか？

訪問介護はもちろん、通所介護、施設介護も、家族との信頼関係のうえに成り立った連携が不可欠です。スタッフやヘルパーは、利用者の日々の状況などをお伝えしたり、ご自宅での介護に対する相談を受けたりすることで、ご家族と利用者の良好な関係を築いていく役割も担っていることを認識しておきましょう。

利用者のご家族、つまり主介護者の多くは配偶者や子どもです。夫・妻や息子・娘（また嫁という場合もあると思いますが）は、「こういうふうにして生活させてあげたい」と、大切な肉親を思う気持ちが強いのは当然です。また、施設でどのように生活しているのか、自分が自宅を留守にしている間はどのように過ごしたのか、とても気になるはずです。介護中の様子はもちろん、気づいたことはたとえ小さなことでも、できるだけ逐一伝えるようにしましょう。

ご家族からご相談やご意見をいただいたときには、カンファレンスなどで報告し、職員全体で情報を共有し、いつでも対応できるようにしておく体制づくりが必要です。利用や介護に関する希望も、家族はどういう意向があってそのように言ってきたのかをきちんと聞きます。対応できることは対応する必要があり、できないのであれば、できない理由を説明しなければなりません。

クレームという言葉はスタッフ側の主観です。ご希望・ご要望のことを“クレーム”という言葉を使った時点で、利用者側に立った意識がなくなってしまう危険性があります。まずはご家族のお話をしっかりお聞きして、気持ちを受け止めることが大事です。それに対して、どのような介護につなげることができるかについて説明するのは、その後の話です。

家族への対応 応用文例

施設での様子

- 今朝は、訪問看護師さんが来られ、本田さんの足がよく開くと言われたと奥様が話された＊。

＊ご家族から聞いた、利用者の情報を記録に残すとのちのケアにいかすことができる

- 本田さんの歩行機能を維持するために、下肢《かし》筋肉維持の個別機能訓練を行っているが、体幹のバランスが悪いため、ふらつくことがある。個別機能訓練の内容について話し合いたいたいので、**キーパーソン**である長女に連絡をする。本日ケアカンファレンスを開き、個別機能訓練の内容にバランスボールを加える変更点についてご説明し同意をいただく＊。

＊ケアマネジメントの流れをつねに意識して記録をつけることが大切

デイサービスでの様子

- デイサービスのお迎えのとき、家族（長男嫁）より「昨夜6時ごろ家で転んでしまい、医者に行ってみてもらってきた。頭にたんこぶくらいで、ほかは大丈夫でした。このごろ転ぶことが多く、昨日は頭をぶつけたから本人もびっくりしたようで眠れなかったようだし、体もこわばって立ち上がりが悪いようです」との話がある。「様子を見ながら車いすを使用し、無理せず過ごしていただくよう配慮する」と家族へ伝える。
- 朝のお迎えのとき、家族（妻）より、「奥歯を歯科で抜いたけれど、普通のごはんを食べているので普通食でよい」との連絡あり。
- 本田さんが風邪のためデイサービスを休むとのこと。今朝8時、娘さんから電話連絡があった。

介護用語 キーパーソン：利用者の家族の中で中心となる支え手。

行事の連絡や依頼

- 3月予定のひな祭り行事について、長女に電話連絡をした。お誘いのプリントの配布の旨を伝えた*。

  *連絡漏れのないよう、記録に残す

- 「近くの産直に買い物に行く企画がありますが、ご参加の希望を後ほどおうかがいしたいです」と、相談員が面会に来た奥様に口頭で伝えると、「参加したい」とのお返事だった。

- インフルエンザの予防接種を予定している。本田さんのご家族（長女）の面会時にスタッフが同意の確認をした*。

  *同意を得たことをきちんと記録に残す

- 娘さんが面会に来られ、食品（ゼリー、プリン）を預かり冷蔵庫に入れる。夏物のタオルケット1枚を依頼。夏祭りの日にお持ちくださるとのこと。

感染症流行時の家族への連絡

- インフルエンザ流行のきざしが見えたため、本日より面会時にマスクの着用と手の消毒を開始する。さっそく面会に訪れた本田さんの家族（長男嫁）にお願いした。

- ノロウイルスに感染した利用者が複数出たため、家族の面会は特別な事情がないかぎり極力遠慮してもらい、その旨を相談員が電話連絡にて理解を求める。

家族からの苦情があったとき

- 本田さんの長女から午前9時に電話があり、「デイ利用時に昼寝をしないようにお願いしてあったが、いっぱい寝たと話している。そのせいで昨夜は一睡もせず、介護するのに大変だった」との苦情を受ける。すぐに相談員に代わって謝罪し、ご理解いただく。本人の状況を見守りながら、お疲れのときは短時間で休養いただくように職員間で徹底を図る*。

  *介護者でもあり、また被介護者でもある複雑な家族の心境に配慮し、信頼関係を築ける対応を心がける

トラブル

体調急変

急変対応の記録はリスクマネジメントの重要な資料になります。介護スタッフの対応は、時系列で事実を正確にくわしく記録しましょう。

記録のための観察ポイントとメモ例

バイタルサイン（体温・血圧・脈拍）、意識状態はどうか

- 脈がいつもより非常に速い。
- 血圧がいつもより少々低く、呼吸が弱々しい。
- テレビを見ながら放心状態で、声かけに反応しない。

表情・動作に変化はないか

- 15時のおやつ介助のころから、眉間にしわを寄せるなど表情がすぐれない。
- イライラして落ち着かない様子で、まばたきを頻回にしている。

体の状態はどうか

- むせ込むような咳が出ている。
- 「体が重い」と話す。

会話に異常はないか

- 元気がなく、あまりしゃべらない。
- 会話がかみあわない。

排泄はどうか

- 3日前の便が最後で、便秘気味。
- はじめ硬便だったが、その後は多量の軟便が出た。

いつそれに気づいたか

- 朝8時の起床介助のときに「頭が痛い」と話していた。

✕ よくない事例

11月20日	記録内容
9：30	大友さんは朝食後、ソファで休憩しテレビ鑑賞していた。 ❶**大友さんの表情に異変を認めて対応**。ソファに仰《ぎょう》臥《が》位《い》に どの時点まで正常な状態を保っていたかわかるように、できるだけ時間を記す し、❷**看護師に連絡**。❸**BP100/72, P85。指示を受** どの職種の職員が何を行ったのか、主語と述語は正確に記す。これは重要！ **け、スタッフが救急車を手配**。救急車到着。救急隊の問 バイタルサインと利用者の様子をできるだけ具体的に書く いかけに呼名反応あり。 救急車で市立病院へ搬送。

改善

よい事例

11月20日	記録内容
9：30	大友さんは朝食後、ソファで休憩をとっていた。そのままテレビをつけ鑑賞していた。ときどきウトウトしていたが、介護スタッフ（前田）の声かけには、目を開け笑顔で応答していた。見守りをしながらキッチンでお茶の支度をしていたところ、 ❶**大友さんの表情に異変を認めて対応した（9時40分）。顔面蒼白、唇チアノーゼを呈す。呼吸を確認でき、呼名反応あり**。そのままソファに仰臥位にし、❷**看護師（佐藤）に連絡した**。❸**BP100/72, P85, KT〔BT〕37.4度。看護師の指示により、介護スタッフ（石井）が救急車を手配。相談員（梅沢）が長男へ電話連絡する。** 緊急時の記録では、対応にあたったスタッフの名前も記す。 救急車到着（10時00分）。救急隊の問いかけに呼名反応あり。救急車で市立病院へ搬送（10時15分）。看護師が同行する。

体調急変 基本文例

観察ポイント

体調急変時の様子

いつごろからか

- 10時、おやつ介助のときに、口の開きが悪く、右の黒目の動きがいつもと異なる（違う）。
- 昼食時、湯呑みを持つ手が震えていた。
- 起床介助にうかがうと、目ヤニで目が開かなくなっていた。
- 起床介助に訪室すると、顔がいつもよりも赤らんで見えた。バイタルチェックを行ったら、38度あった。
- 食事中、突然おはしを落とす。右腕に力が入らず、脱力状態になった。

体の状態、様子はどうか

- バイタルは安定しているが、鼻水が出ている。
- 「寒い」と言い、足を触ってみるととても冷たかった。
- いつもは端座位《たんざい》を保持できるのに、グラグラしていて安定しない。
- 折り紙が好きなはずなのに、「今日はやりたくない」とまったく手を動かそうとせず、無表情だった*。

  *「あれ?」と感じたことがあったら、たとえ小さなことでも、その後は注意深く観察して記録する

- 起床介助のときには気づかなかったが、朝食にお誘いにうかがったときに、右手首が腫《は》れていた。
- 隣の利用者と楽しく食事をしていたが、突然顔が真っ青になった*。

  *スタッフが異変の第一発見者になることが多い。急変になる前の様子から書き始めることも大切

- 左足の足首から甲にかけてむくんでいるように見えて、看護師に報告した。

体調急変 応用文例

体調急変時の様子

- 昼食時、右側のおかずのみ召し上がっている。介護スタッフ（鈴木）が異常を確認し、お皿を移動させるが、やはり右側しか手をつけない。視野狭窄《きょうさく》が疑われるので、看護師（佐々木）に連絡する。家族（嫁）にも連絡を入れる。
- 朝食時、パンを全部食べてからずっとうつむいており、声をかけても目を開けない。「ちょっと気持ちが悪い」と話すので、食事を中止してベッドに横になってもらった。発熱はないが、表情がゆるんだ感じで、全体的に力が入らない様子*。看護師に相談する。

  *主観ではなく、客観的に見たままの事実をしっかりと記録する
- 0時、体位変換をするために訪室したとき、急に呼吸が荒くなった。体は熱くないが、手をにぎったらとても冷たく感じた。すぐに看護師（田中）に連絡した。
- 夕食時、「う」という声が聞こえた。のどに何かを詰まらせた様子。看護師もすぐ気づき**ハイムリック法**にて除去できた。現在は粗刻《あらきざ》み食だが、もう一段階上げた刻み食を検討する必要があることをご家族に伝える。

体調不良の訴えがあったとき

- 体調があまりよくないとの訴えがあった。バイタル確認で異常は見られなかったが、安全のため入浴は中止にする。
- 日中から「だるい」「疲れた」という訴えが多く、夕食後早めに着床（就寝）した。

介護用語 ハイムリック法：食べ物や異物が喉に詰まった場合に、上腹部を圧迫して、異物をとり除く方法（▶P222）。

トラブル

転落・転倒

事故については、事故現場に携わったスタッフの記憶が確かなうちに記録に残すことが大切です。

記録のためのポイントとメモ例

どのように転落・転倒したのか

- 後方に倒れ、床に尻もちをついて臀部《でんぶ》を打つ。

ケガ（傷やあざ、出血）はないか

- スタッフと看護師が全身を確認したが、傷、あざ、腫《は》れは見られなかった。
- お尻も後頭部も外傷や腫れはない。

どのようなケアをしたのか

- 全身状態と意識を確認し、車いすで医務室へお連れした。

事故後の連絡はどうか

- 家族（長男嫁）に、介護リーダーが電話にて連絡する。
- 介護職員が家族に連絡し、事情を説明する。

原因と対策はどうか

- 立位の保持の状況を確認できていなかった。
- 看護師が臀部に異常がないか確認し、念のため病院を受診。

（よくない事例）

6月1日	記録内容
11：10	私情を含めた反省文ではダメ。事実を正確に記載する ❶**私の見守り不足で**、❷**松本さんがトイレで転倒した**。用 事故発生時の状況、利用者の様子を書く をたす間は、ひとりで中にいて戸を閉めたが、見守りをしようと戸を開けてみたところ、尻もちをついていた。❸**もっと、声かけと見守りを行うようにしたい**。 事故発見者はだれか、利用者のケガや体調変化がないかを記録

改善

（よい事例）

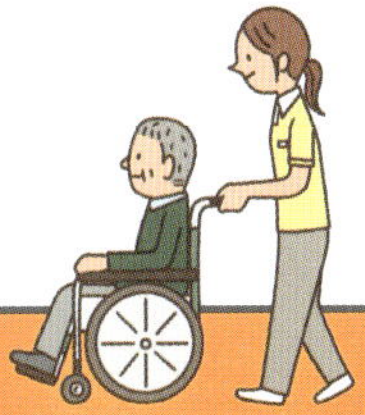

6月1日	記録内容
11：10	❷**松本さんが、トイレ使用中に便器の右側に尻もちをついていた**。用をたす間は戸を閉めたが、❸**職員（田中）が見守りをしようと戸を開けてみたところ、尻もちをついていた**。物音もせず、便器から崩れるように落ちていた。「大丈夫ですか？　痛むところはありませんか？」と職員が声かけをして、ケガの有無を確認した。「どうしたんだろうね」と本人はびっくりした様子。❸**臀部に青アザができていた。意識はしっかりしていることを確認する**。
11：25	❹**介護リーダー（梅沢）が長男へ電話連絡をし、職員（田中）の付き添いで、主治医を受診した。主治医より「軽い打撲」と診断を受け、看護師に軟膏を塗布してもらった**。 事故後のスタッフの動きをすべて書く

転落・転倒 基本文例

観察ポイント

転倒したときの様子

いつ、どこで、どのような状況で転倒したのか

- 朝食をお誘いにいくと、松本さんが「腰が痛い」と言う。Aさんが「6時ごろ、松本さん、自分でベッドからいすに移ろうとしたときに転んで腰を打ったんだよ」と様子を話してくれた*。

*転倒したときを見ていない場合も、ほかの利用者の話から転倒した可能性がある場合は会話を記録に残す

- 松本さんは、送迎バスに乗り込むために玄関を出てすぐ、玄関前の段差につまずいて、しゃがみこむように転んで、ひざをついた。
- 14時、スタッフの見守りにより杖歩行にて中庭を散歩中、ガクッとひざが折れて、地面に手をついた。
- 朝食に行くため、居室からホールへの車いすを自走中、健側（右）がひっかかり、前に倒れた。
- 身体測定中、身長計につまづき転びかける。両手を壁につき、左ひざを身長計の角にぶつけた。
- 絵手紙教室後、いすから立ち上がろうとしたときにふらついて、いすにドスンと落ち、手をテーブルについて倒れ込んだ*。

*様子がわかるように、「転んだ」などあいまいな表現ではなく、具体的に見た通りの動作を書く

- 車いすに座ってほかの利用者のレクを見学していたとき、車いすからずり落ちて、フットサポートのところにお尻をついた。

痛みや異常を訴えているか

- 右手首が少し痛むと訴えている。
- バイタルを計測し、看護師に連絡する。
- 呼びかけに応じ、意識もはっきりしている。

転落・転倒 応用文例

転倒したときの様子

- 13時半ごろ玄関前の3センチ大の石につまずき、手をついて転んだ。Aさんが「大丈夫?」と松本さんの容態を気遣い、心配そうな顔をしていた。事故報告書を作成し、すみやかに嫁（長男の妻）に連絡する*。今後、利用者が通る道は、こまめに障害物をとり除くようにする。

  *起こった事実、発見した人、対応にあたったスタッフとその内容を整理して順番に記録する

- 午前10時、松本さんの入浴中に、中間浴の台車ストッパーをかけ忘れていたため、ひとりでに動き出し、床に転倒した*。介護職員（清水、細井）が浴そうの両わきにいたが、一瞬のことで支えきれなかった。看護師が処置にあたるが、左ひじの創傷、臀部《でんぶ》の痛みを訴えるため、所長指示により、相談員と施設車両にて朝日整形外科病院を受診する。ケアマネが長女の携帯電話にすぐに連絡を入れる。搬送先の病院へ行くとのこと*。福祉機器の誤操作などで事故が起こる可能性があるため、全職員への指差し呼称をマニュアル化し、即実施する。介護スタッフは、お互いの動作に注視し、評価しあう。

  *リスクマネジメントのためにも、事故前後の利用者の様子、事故後の処置についても介護スタッフの立場からくわしく記録に残す。また介護記録は、介護スタッフだけの記録ではないので、他職種（看護師・相談員など）も同じ様式で、行ったケアを書いておくとよい

- 12時40分ごろ、他利用者さんの食事介助をしていると、トイレからドンと大きな音がしたので、トイレを訪室する。松本さんは右側を下に臀部を床に尻もちをついている。すぐに**ファンレストテーブル**を戻し、本人を抱え、トイレに座っていただく。「どこか痛いところはないですか」と痛みの確認をすると、本人はうなずいた。特に外傷は見られず。看護師もトイレに来て確認する。衣類を整えたあと、ホール奥ベッドへご案内する。移動バーを持ち、しっかりと立ち上がる。すぐに横になり、休む。自分で便器から立ち上がった際にバランスを崩して、転倒された様子。訪室、声かけの回数を増やし、トイレの際は転倒に注意しながら引き続き介助を行う。

介護用語 ファンレストテーブル：前傾姿勢を支持するためにトイレに設置するテーブル。

トラブル

ケガ

ケガの記録は、同じようなケガをくり返さないように、どのようなケアをすべきか、再発防止に役立つ記録にしましょう。

記録のための観察ポイントとメモ例

どのようにケガをしたのか

- 車いすのサイドに患側の手をはさむ。

表情・意識状態・動作はどうか

- 「大丈夫」と話すが、顔をしかめて痛みをこらえている様子。

バイタルサインや全身状態はどうか

- バイタルは安定している。
- 右上腕部に裂傷がある。

事故後の連絡はどうか

- かかりつけ医に連絡する。
- ケガがあり、様子を見ていることを家族（妻）に伝える。

痛みや症状を訴えているか

- 爪切りの刃が皮膚にあたり、痛みを訴えていた。
- 「気持ちが悪い」と言う。

原因と対策はどうか

- トイレの蝶番《ちょうつがい》が固くなっていたため、開きにくかった。蝶番を直す。今後はもし開きにくい場合は、緊急コールを押してもらうようにお伝えした。

（よくない事例）

4月20日	記録内容
14：00	トイレのドアにおでこをぶつけ、主治医を受診。たんこぶをつくってしまう。❶**私がもっと見守りをしっかりやっておくべきだった**。 「〜やっておくべきだった」など、スタッフ個人の反省の弁は経過記録には書かない。

4月21日	記録内容
7：00	❷**睡眠不足とのこと**。❸**痛かったのかもしれない**。昨日のケガのため入浴とリハビリ中止。 ❷睡眠不足の理由も確認する ❸「〜かもしれない」と想像で判断してはいけない

改善

（よい事例）

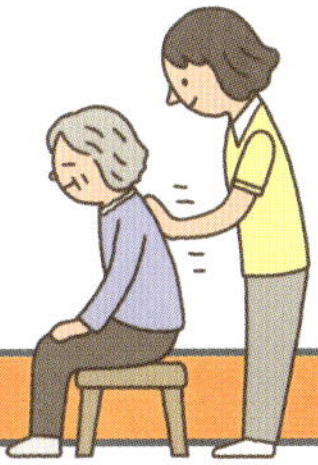

4月20日	記録内容
14：00	おひとりでトイレのドアを開けようとして、ドアに頭をぶつけた。痛みはないと話すが、額が少し赤くなっていた。すぐに看護師の付き添いで主治医を受診した。3センチ程のこぶ（頭出腫）があるが、ほかは異常なし。酒井さんは言葉少なく、ショックを受けている様子だった。❶**スタッフ間で検討し、今後は利用者が移動中は目を離さないようにしていく**。

4月21日	記録内容
7：00	起床介助時、昨日のケガのことについて「あわて者でぶつけちゃった。本当にびっくりした」と話す。❷**ショックを受け、あまりよく眠れなかった様子**。❸**気持ちが沈んでいるようで、体が少しこわばって立ち上がりが悪い**。様子を見ながら車いすを使用し、入浴とリハビリは中止。今日は無理せず静かに過ごしていただく。

ケガ　基本文例

観察ポイント

ケガをしたときの様子

ケガの原因をしっかり検討したか

- たこやき器に患《かん》側《そく》の手があたる。熱さに気づかず少し触れていたのでやけどする*。今後はたこやき器の使用中は、担当を決め利用者の見守りを徹底していく。

  *どのような状態だったのか具体的に記載する

- ベッドをギャッチアップした際、手すりとベッドの間に右腕をはさんだ。今後は必ず確認する。

どのようなケアをしたのか

- 入浴中に本人がひげ剃りを行っていた際、あごから出血をした。すぐに止血したが、一応看護師に報告する。ひげ剃りはいつも本人が行っているので、手の動きが悪くなっていないか、今後の見守りを行う。

  *本人が痛みを訴えた箇所だけでなく、全身の状態をよく観察する

- トイレにお連れしたときに、左足首にひっかいたような少量の出血を確認する。爪の一部がとがっていたので、爪磨きで整えた。
- やけどを確認し、流水で部位を冷却しながら看護師に連絡した。

UMEさんのひとことアドバイス

二度と事故を起こさないように記録をもとに対策を講じることが大切

事故記録には大きく分けて、インシデントとアクシデントがあります。インシデントは実際に利用者に傷害を与えていないまでも、このまま放置していると非常に危険な状況にいたる可能性がある行為や状態のことです。また、インシデントのあとに実際に利用者に傷害を与える事故にいたることをアクシデントといいます。

介護記録はスタッフや利用者が何をどのように行ったのかというプロセスを書くことが大切です。どのような事故かというのはいわゆる結果であって、そこにいたった経過がわかるのであれば、流れを追ってくわしく書きます。このような記録は、書いて終わりではなく、リスクマネジメントの検討を行う際に、もう一度目を通し、経験をいかすことが大切です。

ケガ 応用文例

ケガをしたときの様子

- 車いすの足レバーから左足（患側）が落ちたまま自走していることに、後ろからほかの利用者の車いすを押しているスタッフが気づいた*。左足に軽いすり傷が見られた。ひねったりしていないか確認するため、スタッフが付き添い整形外科を受診した。

*だれがどこにいたのか、職員や利用者の位置関係がわかるように書く

- 夕食の際、お椀を持ちそこねて、左手にみそ汁をこぼした。痛みを訴えてはいなかったが、少し赤みが見られるため、流水で冷やしたあと、ぬらしたタオルで冷やし続け、様子を観察した。手の動き要観察。
- 介護スタッフが手の甲のあざを午前6時の排泄時に気づく。ベッド柵にぶつけたのか、移乗時にぶつけたのかは不明。相談員に運転してもらい、介護スタッフが付き添い主治医を受診する。

傷の定期受診について

- 両足巻き爪にて軽度発赤《ほっせき》あり。ほかの指先も血色が悪い。看護師が軟膏《なんこう》を塗布する。
- 長女の送迎にて病院受診より帰園する。手の傷はよくなっているとのことで、「浴そうに入ってもかまわない、手洗いも問題なく、強くこすらなければよい」と主治医から診断がある。手の処置はとくに必要ないが、乾燥によるひび割れなどの訴えがあるときは、アズノール（チューブ）を薄めに塗布するよう指示あり*。

*主治医の診断や指示については具体的にくわしく記録しておく

ケガ入院からの退院

- 9月10日に退院決まる。入院中の様子について、「7月25日に胸椎《きょうつい》圧迫骨折にて、市立病院入院。現在コルセット装着し、杖や老人車で歩行可能」と連絡を受けている。担当ケアマネへ、リハビリ実施計画書を依頼する。

トラブル

災害時対応

大災害時は事業所で報告書を作成します。ケース記録では、個々の安全をどのように確保したかを記録しましょう。

記録のための観察ポイントとメモ例

ケガの状態や部位・表情・精神状態・全身状態はどうか

- 15時、震度４の地震があったが、午睡《ごすい》中で気づいていないようだった。
- 台風接近の不安から、不穏《ふおん》状態になっていた。

安全確保はできているか、避難の必要はあるか

- 全員の安全を確認した。

災害の程度はどうか

- 火災報知器が鳴ったが、調理中の煙による誤作動で問題ないとわかった。
- 地震の揺れは30秒ほど続き、棚の書類が床に落ちただけでおさまった。

災害予防・対策はどうか

- ご家族に、災害伝言サービスの利用法を説明し、緊急時の施設対応マニュアルをお渡しした。

家族への連絡はどうか

- 吉田さんの家族から安全確認の電話があったので対応した。
- 相談員が吉田さんの長男へ、安全であることを電話で伝えた。

よくない事例

6月17日	記録内容
15：30	地震があり、職員が❶**利用者対応をする**。 利用者をよく観察して、行動や言葉を記録する 特に事故や問題なく、❷**少し**したら揺れがおさまる。 スタッフの感想ではなく、客観的な事実を記す ❸**久々だったので、こわかった**。 「少し」ではなく、わかる範囲で「1分ほど」などのように時間を記す

改善

よい事例

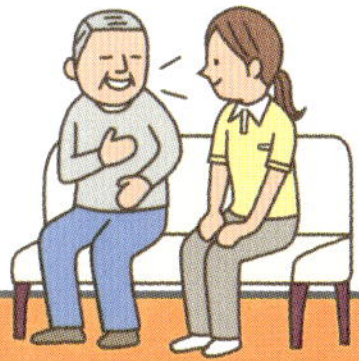

6月17日	記録内容
15：30	地震が発生し、❷**1分ほど**揺れが続いた。 だんだんに揺れが強くなるので、介護スタッフは転倒などないよう利用者をいすに座らせ様子を見る。玄関の花びんが倒れるが、その後揺れがおさまる。 ❶**利用者は心配そうな表情を浮かべていたので、「大きな地震だったね。おさまってよかった。吉田さん大丈夫ですよ」と声かけを行った**。吉田さんは、「ふう」と大きくため息をついていた。❸**スタッフが利用者全員、転倒・体調急変などないことを確認する**。

災害時対応 基本文例

観察ポイント

地震が発生したとき

家族との連携はとれたか

- （在宅）吉田さん宅訪問中に地震が発生する。タンスのそばに座っていた吉田さんの頭に、タンスの上に置いてあったぬいぐるみが落ちてきた。ほかにも荷物が置いてあるので、吉田さんとご家族に地震時に危険があるかもしれないことをお話した。

- （在宅）13時ごろ地震があったが、吉田さんにケガもなく無事だった。訪問中に地震などの災害が起きた際の避難場所は南中学校であることを吉田さんと奥さんにうかがった。災害時に奥さんが留守だった場合の対応についても話し合った。

悪天候のとき

利用者への対応は迅速にできたか

- （在宅）朝8時の時点で、暴風大雨警報が発令されていたので、本日のデイサービスは中止になる。朝食準備し、吉田さんの安否確認を行い退去する。

火災の予防について

火災の危険は回避できているか

- （在宅）吉田さん宅を訪問すると、台所に黒く焦げたヤカンが置いてあった。「昨夜、お湯を沸かそうと火にかけたまましばらく忘れ、焦がしてしまった」と話す。コンロの使用中はそばから離れないほうがいいと助言し、サ責（サービス提供責任者）にもその旨報告する*。

  *訪問介護で火を使う場合は、ヘルパー自身が火の元を確認したことを記録に残すことも大事。利用者にも注意を呼びかける

- （在宅）デイサービス送り出しの準備のため訪問。コタツの電源を切り、コンセントを抜く。コタツ、電気ポット、電気スタンドとタコ足配線になっていることに気づいたので、念のためサ責に報告した。

災害時対応　応用文例

地震が発生したとき

- （施設）震度3の地震があった。各部屋を安全確認した際、吉田さんが「地震がこわい」と震えていた。ほかのスタッフに他室の確認を頼み、「そばにいますからね」と声をかけ、吉田さんが落ち着くまでそばに寄り添った*。

　*精神的な安心感を与える声かけの記録が中心になる

悪天候のとき

- （施設）夕方雷が鳴り、稲妻が光ると、不安そうな顔をしていたので、手をにぎり「大丈夫ですか」と声かけすると、「ピカッと光るとドキッとする」と吉田さんが話していた*。

　*エピソードを丁寧に書いておくと、同じ災害が起こったときに役立つ

- （施設）お部屋を訪問して、「台風が接近しているので、ベランダの植木鉢をお部屋に入れますね」と声かけし、窓を閉めた。「停電したらどうしよう。台風は風の音がビュービュー大きくなっておそろしい」と吉田さんが話すので、「なにかあったらコールしてくださいね」と言い退室した。

避難訓練のとき

- （施設）13時より、消防署員の指導のもと、避難訓練があった。1階隅の調理室が火事になった想定で、吉田さんも参加された。ヘルメットをかぶって、落ち着いて避難していた。終了後、「もうちょっとテキパキやってくれないと不安だよ～」と話した。

- （施設）避難訓練があったが、今回は歩行可能な利用者様のみの参加だった。吉田さんは車いすなので、避難する様子を見ていた。実際の災害時には全員の避難が必要なので、次は吉田さんのような自立歩行が困難な車いす利用者をスタッフが避難させる訓練の実施を検討することにした。

トラブル

ヒヤリハット報告

ヒヤリハットの記録は、偶発的事故を最小限にするとり組みの一環。ケアチーム全体の体制を見直すためにも有効です。

記録のための観察ポイントとメモ例

バイタルサインや体調はどうか

- 足がふらついて、力が入らないと話す。

表情・言動はどうか

- びっくりした様子だったが、少しすると落ち着いた。

痛みや異常を訴えているか

- 脱衣所のバスマットで足が滑り体勢を崩しかけたが、痛みは訴えていない。

スタッフのケア内容、対処はどうか

- 転倒する前にスタッフがわきを支えた。

原因と今後の具体策があるか

- スタッフが記録作業をしていたところ、高野さんがいすから立ち上がろうとして、ふらつき、転倒しそうになる。ホールにスタッフが少ないときは、見守りに専念することとする。

（ よくない事例 ）

4月3日	記 録 内 容
13：00	高野さんは、車で近所の公園へお花見に出かけた。
13：15	スタッフが介助して歩行していたが、❶**高野さんが急いで歩くので、転びそうになった**。❷**幸い**、スタッフに抱きかかえられ無事だった。その後、❸**高野さんにはバスで休んでもらった**。 「どのようにして事故にいたったのか」を、時系列で端的に書く 「幸い」「〜と思った」など、スタッフの所感は経過記録には不要 「本人の表情や言動など」をくわしく記録する

改善

（ よい事例 ）

4月3日	記 録 内 容
13：00	高野さんは、車で近所の公園へお花見に出かけた。
13：15	高野さんは四点杖を使用し、わきを支える介護スタッフとともに、園内を歩行していた。❶**高野さんが、やや急ぎ足でベンチに向かっていたので、スタッフが「急ぐと危ないので、ゆっくり歩きませんか」と声かけをする。しかし敷石は思いのほか凹凸があり、スタッフの見守り不足のため、よろけて転倒しそうになる**。隣にいたスタッフが高野さんを抱きかかえ無事だった。❸**高野さんは動揺し、「バスに戻ってちょっと休む」と話すので、その後スタッフ１名が見守りにつき、バスで休憩をとる**（バイタル：脈拍＝70回／分、血圧＝140／85mmHg、体温=36.6度）。

ヒヤリハット報告 基本文例

観察ポイント

ヒヤリハットが起こったときの様子

利用者はどこでどのような事態になったのか

- 入浴をお誘いするため訪室すると、ベッドの上に立ち上がり、そこからジャンプしようとしていた。
- スタッフが押す車いすで移動中、マヒ側の左腕が外側に落ちてぶら下がっていた*。スタッフがすぐに気づき、左腕をひざの上に置いた。

*記録に書くことをためらう内容でも、事実は正確に書き、事故防止にいかす

利用者の状況とスタッフの状況はどうだったのか

- 入浴中に足が浮いてしまい、上体が沈みそうになった。すぐにスタッフが手をさしのべて、座位《ざい》を保持した*。

*スタッフに注意喚起し、しっかり分析し今後の具体策を講じる

- 朝食の際、高野さんがいすに座るのを確認後、ほかの利用者のお膳を運びにいくために離れた間に、立ち上がって少し歩いた*。

*なぜ目を離すことになったのか、スタッフの状況も盛り込んで書く

- 車いす介助で食堂へ移動中、高野さんの足が柱にぶつかりそうになった。直前に気づき、車いすを止めたのでぶつけずにすんだ。

UMEさんのひとことアドバイス

ヒヤリハットこそ、カタチに残してほしい

ヒヤリハットの経過記録や報告書は、アクシデントにはいたらないため、記録に書かなければ、カタチとして残りません。残したくないという心理も働くわけですが、もともと基準省令上、満たされているとしても、利用者対応に十分な人数とは言い難いのが現場対応です。極力、起こりうるリスクを事前に予測し、対策を立て対応を行うということが重大な事故の回避につながってきます。

ヒヤリハットこそ、記録にくわしく残し、検討の材料にすることが賢明といえるでしょう。この記録は、だれか特定の人を責めるためのものでは決してないのです。

ヒヤリハット報告 応用文例

ふらつき・足のもつれ

- 歩行中にふらついて、壁に軽く肩をぶつけた。
- レクリーションでスプーンリレーをしているときに、高野さんの足が少しもつれていたため、休憩してはどうかと声かけを行い、少し休んでいただいた*。

＊利用者の様子を観察してどのような声かけをしたか記録する

危険行為があったとき

- 朝から落ち着かない様子で動きが激しかった。昼食時、配膳を待つ間も立ち歩く。「今お膳を持ってきますから、いすに座っていてくださいね」と声をかけ、後ろを向いた瞬間にいすの上に立ち上がる。スタッフはすぐにテーブルに運んでいたお膳を置き、高野さんの腰を両手で支えて、いすから下りていただく。
- 運動会の競技参加者を車いすに座って応援していた。夢中で応援していて、前のめりになり体勢を崩す。スタッフがすぐに支えて、座り直した。「少し休憩しますか」と声をかけたが「大丈夫。一生懸命応援しすぎたね」と笑顔で話し、また元気に声援を送っていた。

杖歩行について

- トイレのそばの壁に寄りかかっている高野さんを見つけた。通常は杖を使ってトイレへ行くが、大丈夫だと思って杖を持たずにトイレへ行こうとしたとのこと。少しの距離でも杖を必ず使用するように高野さんに伝える。

投薬について

- 薬を飲もうとして、手から薬がお膳の上に落ちた。すぐにスタッフが見つけ拾った。薬を飲み込むまでしっかり見届けるようにする。

訪問時の火の元について

- 訪問すると、ガスコンロの火をつけようとしていた。ご家族に相談し、使用時以外、つねにロックしておいていただく約束をした。

医療ケア

発熱・脱水などの不快症状

疾病は看護師の領域ですが、介護スタッフは定期的に巡回し、体調・服薬・水分補給を確認して、しっかり記録に残しましょう。

記録のための観察ポイントとメモ例

バイタルサイン（体温、血圧、脈拍）はどうか

- 発熱あり。8時の検温で38度。
- 日中は平熱だが、夕方になると微熱（37度前後）が続いている。

表情や体調はどうか

- 顔が青ざめている。
- 痰《たん》がからんだような湿った咳《せき》をしている。

体に痛みや異常を訴えていないか

- 腹部の痛みを訴えている。
- 悪寒を訴えている。
- 関節が痛むと話す。

水分はとれているか

- 14：00スポーツドリンクを200cc 飲む。
- 嘔《おう》吐《と》と下痢があり、脱水が見られた。

排泄はどうか

- 昨夜から下痢をしている。
- 昼の排泄は硬い便が少量だった。

スタッフのケア内容、対処はどうか

- 冷却パックで腋《えき》下《か》を冷却する。
- 1時間ごとに巡回して、様子を見る。

よくない事例

8月20日	記録内容
17：00	「おなかが痛い」とコールがありトイレへ誘導したが、排便なし。
17：15	❶**おなかがふくらんでいるように見えた**ため、看護師に連絡した。 腹部のどの部分がふくらんでいたのか、具体的に書く

改善

よい事例

8月20日	記録内容
17：00	斉藤さんから「おなかが痛いから、便所へ連れてってくれ」というコールがあり、トイレにお連れした。本人が下腹部をパンパンと叩く。❶**みぞおちから下腹部にかけて、硬く膨満《ぼうまん》している**。「ガスがたまっているかもしれないのでがんばってみましょう」と声をかけるが、排便なし。 ❷**日中は、2回の下痢便と少量ずつ排便があり、16：30までに排尿は450mL**。利用者をよく観察して、症状をできるだけくわしく記録に残す
17：15	症状と日中の尿便の様子を看護師に伝え、みてもらう。看護師から家族（長女）へ状況を説明し、受診の方向となる。

不快症状　基本文例

不快症状を訴えるとき

観察ポイント

利用者の様子はどうか、本人からの訴えはどうか

- 夕食のお誘いにうかがうと、「胃がムカムカする」と言う。「無理して食べる必要ないけど、食べられるだけ食べましょうね」と話すと、みそ汁をひと口すすり手が止まる。スタッフが「水分だけとろうか」と声をかけた。
- 胸焼けがするために薬がほしいと訴えあり。夕食を加減するように話したと医務より報告あり。主食を残し、ほかは全量摂取する。

食事・水分・排泄の状況はどうか

- 16時「口からすっぱいものが出そう。気持ちが悪いから夕食はいらない」と言う。朝食1／5量、昼食1／4量のため、看護師に相談する。
- 尿量多く、脱水の兆候が見られたため、水分補給（お茶200cc）後、看護師の指示をあおぐ。

家族に連絡したか

- 胃がキリキリ痛むと話す。家族（長男）に電話で連絡をとり、スタッフが付き添い主治医を受診する。

バイタルチェックを行ったか

- 斉藤さんが頭痛を訴えたので、バイタルチェックをする。臥床《がしょう》したところ、1時間ほどで回復した。

UMEさんのひとことアドバイス

介護記録には、表やグラフでは表せない情報を

施設は「24時間シート」などで、利用者全員が何時に何をしたかを管理することが多いようです。バイタル記録、排泄や体温、水分量が書かれるので、前後の比較をしながら経過を見ることができます。

くわしい数値データは24時間シートに書き込むので、介護記録には、利用者の様子、訴え、スタッフの声かけなど、表やグラフには書き表せない、スタッフと利用者の「やりとり」の部分をしっかり書き留めることが大切です。

不快症状　応用文例

発熱があったとき

- 16時検温37．4度。引き続き冷却パックで冷やす。少し熱感が見られたが、声かけには「はい」とすぐに返事をする。18時に検温実施し37．0度。抗生物質が新たに処方されたので、夜勤スタッフに引き継ぎする。
- 昼食前検温37．1度。部屋食にし、食事介助にて全量食べた。顔の赤みも治まってきている。
- 12時、検温37．6度。そのまま様子観察を行う。14時、2時間ごとの氷枕の交換に部屋を訪ねる。36．9度。今日はいつもより多弁である*。日中、下痢便などは見られない。

＊「多弁」という記述で元気の程度がわかる

発汗・脱水があったとき

- 本日気温が高く汗をかいたため、体調をうかがい、清拭《せいしき》をし、新しい下着に着替えていただく。
- 夕方から発熱があり、水分（スポーツドリンク）を200cc 飲むと落ち着いて、36度（平熱）に戻った*。

＊水分補給の対処で熱が下がったことを記録に残せば、脱水による発熱の可能性があったことがわかる

むくみが見られたとき

- 両下《か》肢《し》のむくみは続いている。看護師の指示どおり両下肢をふとんで高くして休んでいただく。

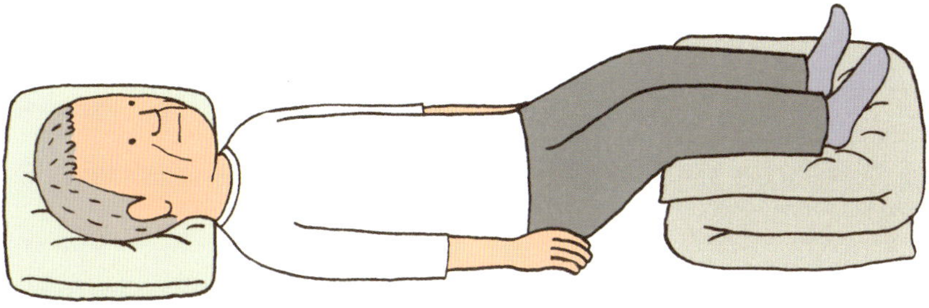

医療ケア

ろれつ・しびれ

ろれつが回らない・しびれの症状は、重篤な脳疾患の前兆でもあります。見逃さずしっかり記録することが重要です。

記録のための観察ポイントとメモ例

全身状態はどうか

- 起床介助に訪室したら、左臀《でん》部《ぶ》から前太ももがしびれると話す。
- レクに参加中「右手の親指に力が入らない」と話す。
- 舌が思うように動かないようで、ろれつが回らない。
- 血圧は98/60で平常時よりも低い。
- 吐き気があり頭痛も訴えている。

意識状態はどうか

- 意識ははっきりしている。
- 意識がもうろうとしている。
- 「ものが二重に見える」と話す。

対処法はどうか

- 主治医に相談のうえ、脳神経外科のある病院を受診する。
- 看護師に連絡し、看護師が主治医に電話をした。
- 患《かん》側《そく》を上にして、横向きにして救急車の到着を待った。

（よくない事例）

3月21日	記録内容
9：30	コールが鳴り、訪室した。 何かを言っているが、小さい声でろれつも回らず、❶**意味不明**。 「意味不明」という書き方はスタッフ目線 腰から足が❷**痛いようだ**。看護師を呼んでみてもらう。 「〜ようだ」と憶測で書かない

改善

（よい事例）

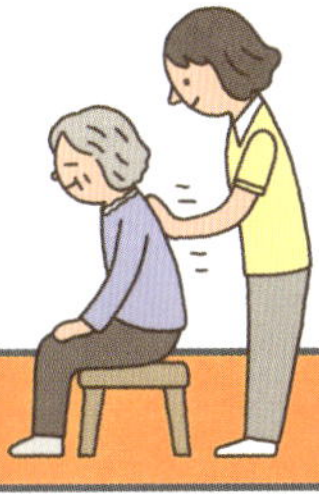

3月21日	記録内容
9：30	大島さんよりコールあり、訪室する。❷**何か言いたそうだが、言葉が出ない。声も小さく、ろれつが回らない様子で**、❶**話していることが聞きとりにくい**。 観察した様子を正確に書く 左臀部から太ももをさすっているので、スタッフが「ここが痛いの?」と尋ねると、大島さんがうなずく。「しびれている感じ?」と聞くと、「ひびれれる」と小声で話す。 臀部から足をさすり、手を添えて足の曲げ伸ばしを行おうとするので、「動かさないで、安静にしていてね」と声かけし、❸**スタッフ（高橋）**が、すぐに看護師を呼ぶ。 対応したスタッフの名前を記録しておく

ろれつ・しびれ　基本文例

観察ポイント

ろれつ・しびれの症状が見られたとき

血圧・顔色はどうか

- 「首のまわりがしびれている」と言う。顔面も蒼白なので、すぐに看護師付き添いで、かかりつけ医を受診する。
- 血圧が高めだったため、再計測し、血圧が落ち着いていることを確認する。本人も体調は悪くないと話すので、午後は所内活動の「書道クラブ」に参加した。
- 再計しても、血圧が下がらなかったので、「めまいはしませんか、体調は悪くありませんか」とスタッフが声かけすると、大島さんが「ベッドで横になりたい」と話すので、居室へお連れする。「今日はあまり無理に動かずにいすに腰かけて様子を見ましょうね」と伝える。

表情・動作はどうか

- 顔の半面が引きつったようで、笑顔がない。
- 顔が青く表情がない。
- 気分が悪そうで、フラフラしている。
- 食事中、突然スプーンを落とした。「なんだか力が入らない」と話す。

UMEさんのひとことアドバイス

介護職ができること、できないこと

医療行為を介護職が行うことはできません。しかし爪切りやグリセリン浣腸などは、介護職員が行ってもよい行為とされています。また経管栄養や痰の吸引についても、行う際の条件はありますが、違法行為ではないとされています。

医療と介護は利用者が重度化するにつれて表裏一体の状況になってきます。記録についても理想は看護記録と介護記録が一体的に情報を集積できるほうが利用者の状態を記録から理解しやすくなります。行える行為と違法性の観点から行うことができない行為があり、本来は業務分担を法人がしっかり徹底することですが、介護職の皆さんもよく注意をしながら、慎重にケアを実施し、また記録も慎重に書いてください。

ろれつ・しびれ 応用文例

しびれが見られたとき

- 大島さんが「口のまわりがしびれている気がする」と話すので、すぐに看護師に連絡した*。

  *しびれは本人の訴えにもとづいて職員が動く

- 昼食前に、テーブルの上のおしぼりをつかもうとするが、何度もつかみそこねて、右手の動きが悪かった。「大丈夫ですか」と声をかけて様子を見ていたが、昼食のときにはおはしを上手に使い召し上がっていた。
- いすから立ち上がろうとしたが、右半身に力が入らずバランスを崩しながらいすに尻もちをつくように座る。その後顔面も硬直し、歯ぎしりをしている。すぐに介護スタッフ（鈴木）が救急車を呼んだ。

ろれつが回らないとき

- 午前中、大島さんは、いすに座って利用者同士で談笑していた。隣の席のAさんと話をするが、ろれつが回らず、何度も言葉につかえて話していた。スタッフが異変に気づき、大島さんに声をかけると、大島さんは「大丈夫だよ」と言ったが、心配だったので、念のため、看護師に申し送りをした。
- 午前中、会話がかみ合わなかった。午前中はときどき寝ぼけた状態で調子が悪いことがあるので様子を見ていた*。午後は意識状態がはっきりしてきたようで、対話のやりとりに問題はなくなった。

  *いつも利用者と接し観察しているからこそ体調異変に気づくことがある

- 10時30分、大島さんから「体がだるい」と訴えがあった。看護師に報告をし、血圧測定する。顔色は悪くないが、義歯がはめにくく、ろれつが回りにくい感じ。看護師の指示により、介護スタッフの介助にて、昼食は部屋でとる。今後も状況観察しながら対応することとする。

感染症対策

感染症は予防と早期発見がポイントです。利用者の普段とは異なる言動や様子に気づいたら、記録に残します。

記録のための観察ポイントとメモ例

体調に変化はないか

- テレビを見ているときに、ブルブルとふるえ悪寒を訴えた。
- 「頭が痛い」と話し、青い顔をしていた。
- 排泄時、水様便が見られた。

感染予防策はどうか

- 予防接種を行った。
- 手洗い、うがいを励行している。

介護職員・医療職員との連携はとれているか

- 高熱が続いているので、主治医に連絡し、いつでも対応してもらえる態勢を整えた。

家族への連絡、行政への連絡はどうか

- インフルエンザに感染したことをご家族に連絡した。
- インフルエンザの感染者が拡大したことを、相談員が行政へ報告した。

(よくない事例)

2月10日	記録内容
7:30	横山さんは午後から❶**体調を崩し**、ベッドで横になっている。 体調を崩したことを確認したときの利用者の様子を書く 医師の往診時にも嘔吐《おうと》した❷**らしく**、インフルエンザのため、他者との面会謝絶となった。 「〜らしく」など不確かなことは、書かない 感染拡大を防ぐため、うがい・手洗いの励行を徹底する。

改善

(よい事例)

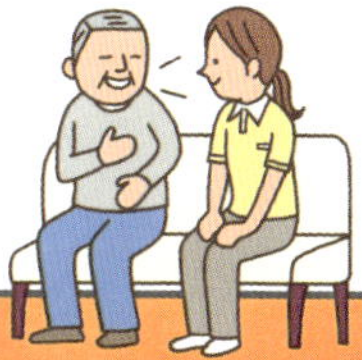

2月10日	記録内容
7:30	横山さんは❶**食欲がなく、昼食をひと口だけ食べて残す**。
13:30	数回嘔吐が❷**見られたため、スタッフが声かけし居室のベッドで横になる。すぐに看護師に申し送り、医師の往診となる**。往診時にも嘔吐をしたと付き添った看護師が話している。医師のインフルエンザとの診断により、他者との面会謝絶となった。 ❸**横山さんの症状確認当時は、うがい・手洗いを徹底しているも、園外からの訪問者が多く、マスク着用が徹底されていなかった。職員間で検討し、すぐにさらなる感染予防の徹底を図る**。 スタッフ間でどのような検討を行い、何を徹底したのか書く

感染症対策 基本文例

感染症への対策について

観察ポイント

ワクチン接種は行ったか

- インフルエンザの予防接種を受けた。注射後の見守りを行うが、異常は認められなかった。

感染症の利用者に適切に対応できているか

- 発熱あり、インフルエンザの検査を受けた。陰性だったが、大事をとって隔離し、夕食は居配対応とする。
- 感染症が疑われるため、横山さん専用の血圧計と体温計を使用する。

感染予防策、早期発見に努めているか

- オムツに手を入れる。尿路感染症予防のため、おなかにバスタオルを巻き、パジャマは裾が長めのものを家族（長男嫁）に用意してもらう。
- 夜間巡視の際、腹部をかいていたのでよく見るとヘソ周囲に赤い発疹が見られた。疥癬《かいせん》を疑い翌日皮膚科を受診した。
- 横山さんがノロウイルスに感染したので、居室内を次亜鉛素酸ナトリウムで消毒した。

UMEさんのひとことアドバイス

感染予防の状況

インフルエンザ、感染性胃腸炎（ノロウイルス感染症など）、腸管出血性大腸菌感染症（O-157など）、**MRSA**などの感染症対策は、体力の低下している高齢者が集団で生活している施設において、重要かつ必須事項です。また、利用者だけでなく外部と接触のある介護者や利用者家族が媒介者となったり、感染し移動することで新たな感染拡大とならないように感染予防対策をとることも大切です。

排泄物、嘔吐《おうと》物などは素手で触らず、使い捨て手袋を着用し、使用後はすぐに処分します。うがい、手洗い、消毒を習慣づけなければなりません。あたり前と思われる習慣的なケアであっても、記録に残すことではじめて行った対策やケアが「見える化」します。

介護用語 MRSA：メチシリン耐性黄色ブドウ球菌。感染症の原因菌。

感染症対策 応用文例

インフルエンザ

- 起床のお手伝いで訪室したところ、横山さんが「足と腕が痛い」と話す。赤い顔をして、だるそうにしている。検温すると38度5分あり、すぐに看護師に連絡した。
- インフルエンザ陽性のため、完治までお部屋でひとりで食事をとっていただく*。
  *感染症の場合の食事対応についても「いつ」「どこで」「だれと（ひとりで）」食べたのか明記する

ノロウイルス

- おやつを居室に届けた際、「おなかが痛い。気持ちが悪い」との訴えあり、嘔吐する。体温38度あり、下痢も確認する*。すぐに主治医に往診してもらった。
  *感染症だと疑った理由の記録は、介護において重要な役目を果たす
- 診断の結果、横山さんはノロウイルスに感染しており、緊急入院した。嘔吐物はビニール袋に包み、専用のバケツに捨て、吐瀉物《としゃ》が付着したシーツは消毒後、熱水洗濯をした*。
  *職員がどういう感染予防をしているか、わかるように書く

O-157

- 夕方の排泄時、横山さんが激しい腹痛を訴える。下痢に血便を確認したため、看護師付き添いでただちに受診。O-157との診断が下りた。20時、相談員が家族（長男）へその旨を連絡した。

疥癬

- 右わきの下に疥癬を発症したため、他利用者の入浴後に入り、オイラックス軟《なん》膏《こう》塗布する。衣類とシーツは毎日交換し、熱湯に10分浸けてから、洗濯し乾燥機で処理した。

MRSA

- ひと月前から褥瘡《じょくそう》があり、検査でMRSAが検出された。スタッフ全員が感染予防を再度徹底し、ケアにあたることを確認した。

医療ケア

慢性疾患

慢性疾患は水分・食事・運動などの制限があります。注意をうながすためにも、細かく記録し全スタッフが情報を共有しましょう。

記録のための観察ポイントとメモ例

病状はどうか

- 季節の変わり目で、朝と夕方、持病の関節炎の痛みを訴えていた。

体調の変化はないか

- 気管支ぜんそくの持病があり、夜中１時に軽い発作があった。すぐに看護師に連絡した。

服薬管理はできているか

- 昼食と夕食の食間の薬を飲み忘れていた。

行動の規制・禁忌事項はあるか

- 腎疾患で運動制限があるので、参加可能なレクリエーションを実施した。

家族からの連絡事項

- 長風呂になりやすいが、高血圧症があるので、時間を制限して入浴させてほしいとのこと 。

- 人工透析は２年前から週３回、K 病院に通院しているとのこと。

よくない事例

10月24日	記録内容
8：30	島崎さんのバイタルを測定する。特変ないため、本人に計測結果を伝えた。 その後、本人車いすで居室に戻り、ベッドにて臥床《がしょう》している。ベッドにて横になっていることが増えたため、できる限り座位を保ってもらうよう、本人にうながす。本人了承するも、❶**まったく動こうとせず、寝てばかりいる**。❷**介護士のいうことを聞いていただけない**ので、どのように声かけするべきか要検討。 ❶マイナス面ばかりでなく、プラス面も記録する。ポジティブな視点で書くようにする ❷「聞いていただけない」という言葉には、この介護士の感情がこもっている

改善

よい事例

10月24日	記録内容
8：30	島崎さんのバイタルを計測する。血圧181/ 115、脈拍98/分。高血圧症のため、数値が今日も高く、朝食後に介護士の声かけにより、降圧剤を服用する。 体調をうかがうが、普段と特に変わらないとの返答を受ける。 朝食後、車いす自走にて居室に戻り、ベッドに仰臥位《ぎょうがい》になっている。「大丈夫ですか、具合悪くないですか」とスタッフがうかがうが、本人はうなずくのみだった。❶**「1時間ほどたったら、ホールで皆さんと過ごしましょう、迎えに来ますね」と伝えると、うなずきながら了承している**。

慢性疾患 基本文例

観察ポイント

病状の変化について

体調・病状がいつ変化し、どのような様子なのか

- 島崎さんが関節リウマチのある左ひざに疼痛《とうつう》を訴える。左ひざの熱感が強い。看護師に連絡し、処置してもらう。
- 胃腸の調子が悪く、鎮痛薬を服用すると嘔吐《おうと》することがある。ケアマネが主治医に相談したところ、坐薬へ変更になった。
- 起床介助で訪室すると、「胸が痛い」という訴えがあった。心臓病の持病があるので、介護士（吉田）が看護師に連絡する。10時15分、看護師の判断により介護士（伊東）が救急車を呼び、10時30分、相談員（佐藤）付き添いのもとN病院へ救急搬送となった。

介護方法や留意事項の変更は必要ないか

- 肺疾患のある原田さんは、着替えは自身でできているが、腕を挙上《きょじょう》したり靴下を履くときに前屈みになると息苦しそうだった。看護師とPTに申し伝えたところ、今後はリハビリに呼吸筋ストレッチ体操をとり入れることになった。

普段の様子について

持病などの状態はどうか

- 「人工透析《とうせき》になると大変だからな～」と島崎さんが話す。糖尿病による腎臓機能の悪化を心配し、体を動かすことにも積極的になってきた。
- 腎臓に持病がある島崎さんが、10時から16時に人工透析のためK病院に通院した。当所の送迎にて通院し、帰りはK病院のご協力で送っていただいた。透析中は病院の看護師に様子観察をしていただくが、静かに過ごしていたとの申し送りであった。
- 糖尿病の持病があるので、低血糖状態にならないように食事内容には注意が必要。
- 関節が固まらないように、適度なリウマチ体操をする。

慢性疾患 応用文例

糖尿病の場合

- 「注射のお時間ですよ」と看護スタッフが声をかけ、島崎さんが血糖値コントロールのインスリンを注射するのを見守った。注射後の使用済の注射針を専用空ペットボトルのケースに看護スタッフが入れた。

高血圧症の場合

- 高血圧症あるも、表情はおだやかで、めまいなど自覚症状も特にない。無理な労作を避けて静かに過ごすよう声かけを行う。

慢性腎疾患の場合

- データの数値が悪く、浮腫《ふしゅ》が出ることがあるので、臥床《がしょう》時間を増やす。「もっとお水が飲みたい」と言う。尿量と水分量も徹底的に管理し、食事量も制限する指示を医療スタッフから受けているので、「ごめんね。島崎さんの体のために、水分を制限しないといけないの」と説明した*。「それじゃ、仕方ないね」と理解を示す。

*慢性疾患がある人は周囲の理解と協力が必要。上手に励まし支援することが大事

心疾患の場合

- 2日間排便がない。島崎さんは、心疾患の持病があるので、排便時のいきみを避けるように医師から指示を受けている*ので、看護師に相談する。

*どうしてそのような対応をしたのか根拠を記す

ストーマ装置を使用している場合

- 看護師の補助につき、**ストーマ**装具のパウチにたまった排泄物を捨てた。介護スタッフは島崎さんの体位を保持し、開口部に便が付着していたため看護師がスキンケアを行った。

介護用語 ストーマ：人工肛門のこと。

特定疾病

情報の蓄積、病状の進行、ケアの手順、利用者の希望などを記録にとどめておくと、ケアの質アップにつながります。

記録のための観察ポイントとメモ例

病状・体調はどうか

- 午前中はろれつが回りにくかった。
- 体のあちこちが痛むと訴える。
- 握力が低下している。

過去の記録を確認したか

- 重度の認知症があり、本人から症状をうかがえないので、過去の介護記録で確認した。

注意すべきことはなにか

- 体調に波がある。
- 今日は立位が不安定。17時の申し送りで内村さんの状態をスタッフに伝え、皆で介護方法を留意した。

家族からの連絡事項はあるか

- 来所していた長女が「先週よりも右手に力が入らなくなったようだ」と話す。

看護師・医師との連携はどうか

- 介護スタッフが内村さんに声かけを行い、*口腔内および鼻腔内の喀《かく》痰《たん》吸引を行った。内村さんは口を開け、小刻みに呼吸をしていたが、体調変化は見られず安定していた。

*研修を受けた介護福祉士等が一定の条件を満たしたうえで実施できる行為

（よくない事例）

7月4日	記録内容
14：00	発語が困難になったせいか、❶**いつも暗くて愚《ぐ》痴《ち》ばかり言** 利用者はもちろん、ご家族やほかのスタッフに対する否定表現は不適切 **う**。なんとか内村さんを元気にしたいと思い❷**アロマテラ** だれがどのように判断し実施したのか、できるだけくわしく記載する **ピーマッサージをしてもらった**。❸**とても気持ちよさそう** 状況や会話も書く **だった**。

改善

（よい事例）

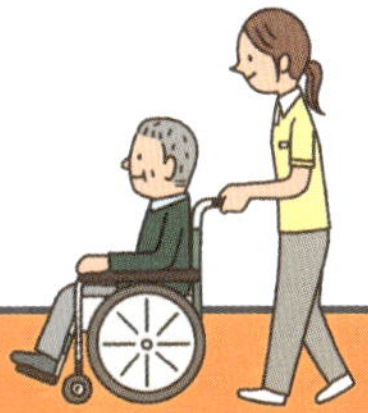

7月4日	記録内容
14：00	❶**最近「生きているのがつらい」と言い、ふさぎがちだった**。 先日、ご家族（二女）がお持ちになったお花のよい香りに、内村さんの表情が優しくなった。❷**嗅覚が敏感そうなので、アロマテラピーのボランティアさんに、アロママッサージを依頼した**。 セラピストさんと一緒に気に入った香りの精油（ローズマリー）を選び、ひじから下をゆっくりとマッサージしてもらった。 ❸**「気持ちがいいですか」とスタッフがたずねると、内村さんは目を細めてうなずいた**。

特定疾病 基本文例

観察ポイント

病状の変化はないか

病状の様子

- 入浴をお誘いするために訪室。歩行介助しながら風呂場へ行く途中、転びそうになることが数回あった。パーキンソン病の症状が進んでいるので、廊下を移動する際は、車いすの利用を提案してみる。
- アルツハイマー型認知症の内村さんが、右手指の振戦《しんせん》と筋拘縮《きんこうしゅく》があらわれたので看護師付き添いで病院へ行った。検査の結果、パーキンソン症候群を発症していた。
- 病気の進行でADL（日常生活動作）のさらなる低下が認められるため、ケアプランを変更する必要がある。ご家族（長男）をまじえ、今後の方針を話し合うことにする。
- 寡《か》動《どう》・無動の症状があり、昼食時は表情がほとんどなく、いすからなかなか立ち上がれなかった。

UMEさんのひとことアドバイス

特定疾病の利用者との関わり

特定疾病は介護保険において、40歳以上65歳未満の第2項被保険者の受給要件となっている疾病のことです。その多くは重症化しやすく、日常生活においても常時介護を要する疾病もあります。そのような利用者のため、医師や看護師との連携を欠かすことができません。

介護スタッフは、生活面でのケアを行いますが、その関わりの中で体調変化には特に注視し、異変の見られたときだけではなく、正常時の様子も書くようにします。正常であることは、特に書く必要がないとお考えの方もいますが、むしろその生活の様子を意識的に確認していることが、重要です。

特定疾病は、それぞれその病状によって、特徴的な病態が現れます。それらをしっかりと記録することで、医療・看護職との連携にも大いに役立つはずです。

特定疾病 応用文例

失語症の場合

- 言いたいことがあるような表情をして、駆け寄ってきた。「閉じられた質問」をして「用事がありますか?」と聞くとうなずき、おなかをたたくので、「トイレですか?」と聞くと首を振る。「おなかがすいたの?」と聞くと笑いながら首を2回縦に振った。「あと1時間で夕食ですから、少し待ってください」と言うと笑顔でうなずいた*。

*記録をつけることにより、疾患ごとの対応ノウハウが蓄積される

パーキンソン病の場合

- すくみ足で足が前に出なくなった。深呼吸をしてもらい、姿勢をただしてもらい、わきをささえたら、ゆっくりと一歩踏み出すことができた。
- 吉川さんがシルバーカーを押すのを付き添い歩行しているが、最近スピードが速くなることが多くなった。「ぶつからないようにね」と声かけしたら、上手に歩くことができた*。

*危険を回避するための、有効な声かけは記録し、のちのケアに役立てる

ALS（筋萎縮性側索硬化症）の場合

- 吉川さんから文字盤で「吸引」をしてほしいとの訴えがあったので、吸引準備をして介護リーダーに連絡し、喀痰《かくたん》吸引を行ってもらった。
- 症状の進行によりADL（日常生活動作）が低下してきた。意思伝達装置で「背中かいて」との訴えがあり、「ここですか」と部位を確認しながら対処した。

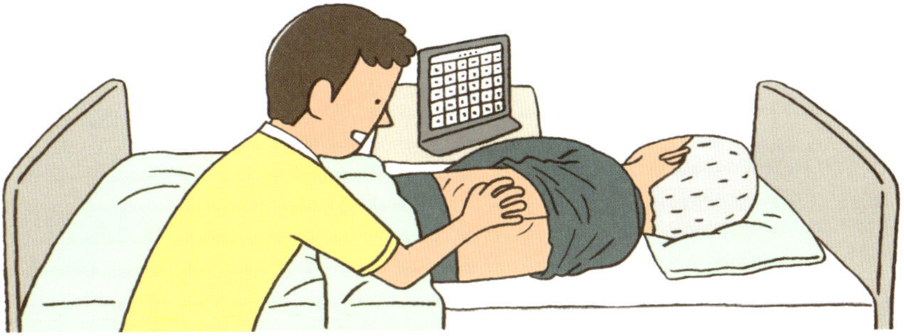

介護用語 閉じられた質問：「はい/いいえ」のみで答えられるような質問。

医療ケア

介護職に認められている医療的行為

医療的ケアは細心の注意を要します。ささいな出来事やその対応など、すべての行為を漏らさず明記しておくことが重要です。

記録のための観察ポイントとメモ例

体調・表情・様子はどうか

- 星野さんに「体調はいかがですか」と声かけしながら、状態を確認した。

医療行為を行った前後に、変化はないか

- 「痰《たん》をとって」と、星野さんから要望があった。
- 吸引後はすっきりした表情。

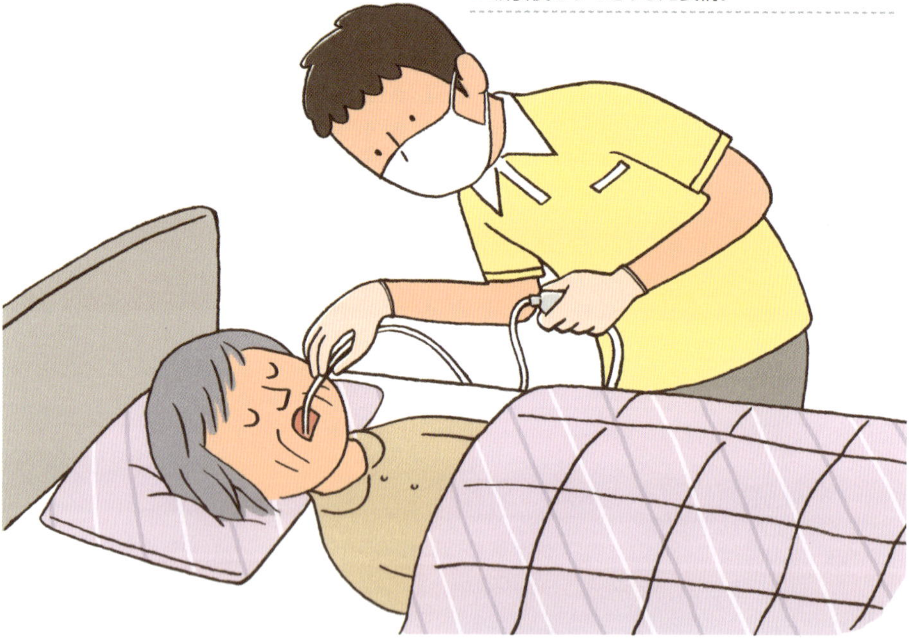

適切な手順で医療的ケアを行ったか

- 咽頭《いんとう》手前までの吸引を行う。
- 唾液《だえき》のみ吸引する。

過去の記録を確認したか

- 誤嚥《ごえん》性肺炎のため胃ろうを造設。
- 経口摂取が不可能になり、1年前に胃ろう造設。
- ALSを発症し、2年前に人工呼吸器装着。痰吸引の処置が必要になる。

医師・看護師との連携はとれているか

- 担当スタッフは看護師の指導を受けて、手技を習得した。

（よくない事例）

10月3日	記録内容
16：30	星野さんが、痰が絡んで、とても苦しそうだったので❶**吸引を実施**。 吸引前後と最中の利用者の様子を具体的に書く

改善

（よい事例）

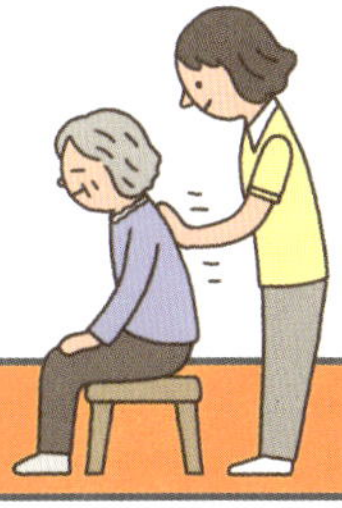

10月3日	記録内容
16：30	星野さんが、痰が絡んで非常に苦しそうだったので、❷**介護スタッフ（山田）が喀痰《かくたん》吸引を実施する**。 実施した職員の氏名を明確にしておく 「星野さん、吸引しますね。少し我慢してくださいね」と声かけを行う。❸**口腔内と鼻腔内の痰を吸引し、正常に呼吸していることを確認する**。 吸引後の安全確認を行ったかも明記する

介護職が実際に利用者に喀痰吸引を行うときには、医療との連携をはかり、リスクマネジメントを徹底させる必要があります。

医療的行為　基本文例

観察ポイント

胃ろうの場合

> 実施に際し、安全確認をきちんと行ったか

- 星野さんのイルリガートルを設置し、チューブを接続し、曲がり、抜けを観察した。次にクレンメを開き、栄養剤の注入を開始して、注入の速度を調整した。注入中、栄養剤が落ちているかを確認し滴下を調節した。

喀痰吸引を行ったとき

> 医療的ケアを実施したときの様子を正確に書けているか

- 星野さんの状態観察を行い、体位を安定させる。右手に滅菌手袋を装着し、吸引カテーテルをとり出す。カテーテルを吸引器に接続し、左手で吸引器のスイッチを入れる。星野さんに「今からお口の中の吸引しますよ」と声かけを行い、カテーテルを星野さんの口腔《こうくう》内に挿入し、痰《たん》の除去を行った。「星野さん、終わりましたけど、呼吸が楽になりましたか。もう一度吸引が必要ですか」と確認を行った。

> リスクは回避できているか

- 気管内吸引は気管カニューレ内部までの気管内吸引限度を徹底する。

UMEさんのひとことアドバイス

法律で認められた介護スタッフによる医療行為

2012年の４月１日に「社会福祉士及び介護福祉士法」の一部が改正されました。それにより、痰の吸引（口腔内と鼻腔《びくう》内・気管カニューレ内まで。咽頭《いんとう》内は禁止）や経管栄養（胃ろう・腸ろう・経鼻経管栄養からの注入）の一部の医療行為が一定の条件のもとで、介護職員でも実施できるようになりました。また、2016年１月以降の国家試験合格者については、介護福祉士の資格をもって医療的ケアの実施ができるようになります。

法令上認められたことで、介護職が行ったこれらの医療行為は、正確に介護記録に記載する必要があります。責任を求められるからこそ、適切に行った行為であることを介護記録に残しましょう。

医療的行為 応用文例

胃ろうの場合

- 経口摂食が難しくなり、胃ろう造設の検討をケアカンファレンスで話し合う。本人、ご家族の同意を得て、来週手術を行うことになった。4月10日に、介護職員全員が、医療的ケアについての指導を看護師から受ける*ことに決まる。

＊介護職員が医療的ケアを行うときは、事前に講習・研修を受ける

喀痰吸引を行ったとき

- 星野さん宅へスタッフの前田と二人で訪問。文字盤で、痰の吸引の希望があったので、気管カニューレ内の痰の吸引を行う。講習で習って以来、指導者の看護師の立ち会いなしではじめて介護スタッフのみでの吸引だった。星野さんは特に苦しそうな表情もなく、終了すると「楽になった」と文字盤で意思表示してくれた。
- とても苦しそうな表情で「のどに痰が詰まっている」という訴えがあった。吸引器で、口腔内の痰と唾液《だえき》の吸引を行う。**粘稠痰**《ねんちょうたん》少量。

経管栄養を確認したとき

- 介護スタッフが星野さんの居室にうかがい、経管栄養の注入状況、ガートルの残量を確認する。星野さんは仰臥位《ぎょうがい》で、安静にして休んでおり、特に体調変化などは見られない。

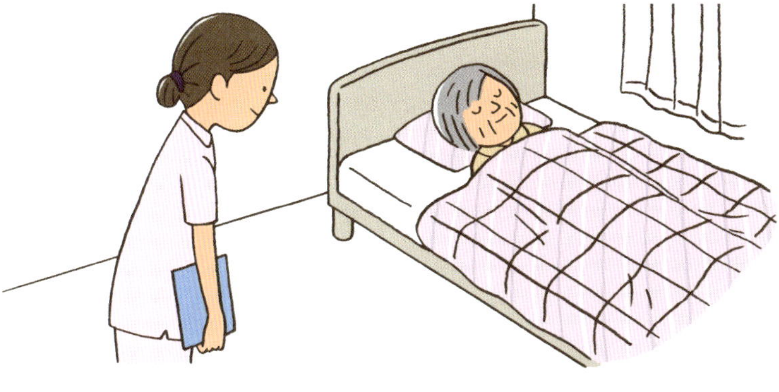

介護用語 粘稠痰：粘り気があって濃い痰のこと。

医療ケア

ターミナルケア

ターミナル期はその日、その瞬間が特別です。生活状態、健康状態はもちろん、表情も注意深く観察し、丁寧に記録しましょう。

記録のための観察ポイントとメモ例

全身状態・精神状態はどうか

- 「苦しい」と話し、顔をゆがめる。
- 皮膚の血色が悪い。
- おだやかな寝顔である。

体調の変化はないか

- 呼吸がときどき荒くなる。
- 微熱が頻回。
- 痰《たん》が多くなった。

食事・水分量はどうか

- 夕食、主1副1汁0だった。水分は400cc スポーツドリンクを摂取された。
- あまり食事が進まない。
- 口から食事を摂取しなくなった。

反応や意識状態はどうか

- 呼びかけにしっかりこたえる。
- 意識が混濁《こんだく》してきた。
- 重度の意識障害がある。

ケアは適切か

- 頻繁に訪室するようにした。
- 手を握ったり、足をマッサージする。
- 声かけをしながら、ベッド上で足浴を行う。

医療職員や家族との連携はとれているか

- 面会時に嚥下《えんげ》の状態の変化を伝えた。
- 利用者の思い出話を10分ほどうかがった。

よくない事例

10月20日	記録内容
17：00	訪室すると、阿部さんの❶**容態が急変する**。急いで看護師に連絡したあとに、家族へも連絡を入れる。長男が来所し、阿部さんの❷**最期を看取った**。 ❶どのように容態が急変したのか具体的に記録する ❷最期を看取った家族について記録しておく

改善

よい事例

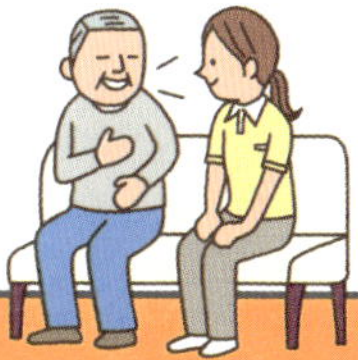

10月20日	記録内容
17：00	コールで「便が出る」とのことで介護スタッフ訪室する。尿のみで排便はない。尿の色が濃く、臭いが強い。
17：10	体位変換のため訪室時に、❶**唇にチアノーゼを確認する。体温38.8℃、脈拍46、酸素濃度75%**。至急、看護師に通報入れ、長男携帯に連絡をとる。
18：00	長男来所する。阿部さん天井の右上方の一点を見つめており、呼吸は小刻みで荒い。
18：05	阿部さんの呼吸、停止。❷**長男夫婦、孫2人が看取る**。高橋医師酸素止め、死亡との診断を行う。介護スタッフ（吉田）、家族の後ろで、様子を見届ける。

*ターミナル期の看護記録には医療的側面から情報が書かれるので、介護記録ではおもに生活面から見た利用者の容態や体調変化、ご家族の様子、やりとりなどを時系列で記録しておくようにする

ターミナルケア 基本文例

利用者の様子

観察ポイント

体調の変化を察知し、適切な声かけができているか

- 「どこか痛みますか」とうかがうと「大丈夫」と久しぶりにはっきりした発語あり*。両手にむくみがあるが、バイタルは安定している。

  *どのような言葉を発したのかしっかり記録する

心理状態・体調の変化にあわせたケアができているか

- 阿部さんが「俺は、死んでしまうのか」と涙ぐむので、介護職員がしばらくそばで右手を握り、甲をそっとさすっていた*。

  *死への恐怖がある利用者には、それを和らげられるようなケアを

家族との会話で気づいたこと、加えるべきケアがあるか

- スタッフの呼びかけには反応はないが「う～」「あ～」という声が出ている。呼吸の状態がよくない。血圧が低下してきているので、医師に連絡*。ちょうど面会に来ていた長女から、今後は同室で付き添いたいとの申し出あり。

  *医療職員・介護職員が連携をとり、利用者と家族を支える

- 阿部さんは、数日前よりほとんど食事がとれなくなり、今日もスポイトで数滴の補水液を経口摂取されている*。長女さんが寝泊まりしているため、面会時に容態について、会話を交わした。

  *ターミナルケアは一日一日が大切。家族に様子をくわしく伝えられるようにこまめに記録をとる

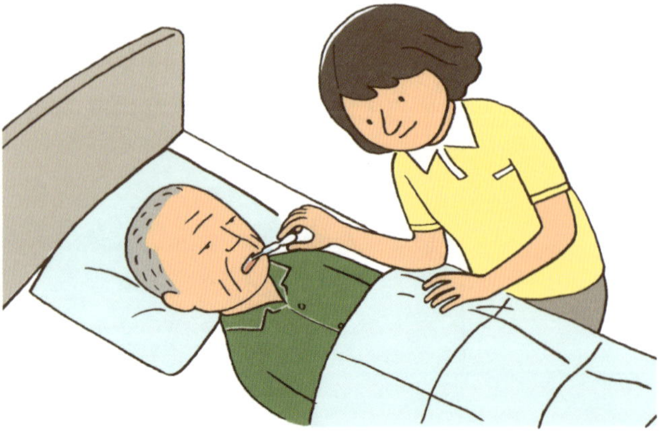

ターミナルケア 応用文例

食欲が低下しているとき

- 本日より、個室にて食事。多弁でさえている様子だが、食事は吐き出し食べようとしないので、バナナとアップルティーを提供した。ストローで飲んでもらったためか、途中でむせられ、100cc で中止した。手をさすりながら若いころに北海道に住んでいた話をうかがう*。看護師に連絡し延食。

  *「話をした」ではなく、どんな内容かを書くことも大事

- 夕食に起きたが、すぐに寝かせてほしいとの訴えあり。発熱のためか口の開きが悪く、飲み込みも悪い。主食1／3、副菜０。水分50cc、エンシュアリキッド100cc で終了した。呼吸のリズムが不規則で浅いように見えたので、看護師に連絡する。

チアノーゼがあったとき

- 昼食前、起きていたが、介助をすると、ウトウトされる。何度も声かけし、経口補水液100cc 飲まれた。スプーンで補水液を10口お飲みになる。尿が出なくなり、顔色が青っぽく、唇がチアノーゼ症状を呈している。

危篤状態になったとき

- 今日は水分も口にしなくなってしまい。意識混濁《こんだく》の状態が続いた。ご家族は看取りの意向だったが、長男が「やはり病院へ」と病院への搬送を希望され、16時救急車にて入院された*。

  *家族との様子も大事な記録

- 20時、**下顎《かがく》呼吸**が始まり、血圧が低下し声かけの反応がない。家族（長女）にすぐ連絡をした。家族到着後、家族は手を握り口を湿らしたりして、スタッフは足をさすり見守るなか、呼吸の回数がだんだん減り、大きなため息をつき呼吸が止まった*。

  *緊急時の対処については、事前にスタッフや家族ときちんと話し合っておく

介護用語 下顎呼吸：首やアゴの筋肉を使ってする異常な呼吸。呼吸困難時や、重症疾患の末期などに見られる。

おもな介護用語

アルファベット

ADL	日常生活動作。
BPSD	周辺症状［Behavioral and Psychological Symptoms of Dementia］。認知症によって引き起こされる妄想・幻覚・徘徊・不潔行為などの周辺的な症状のこと。
CT	コンピュータ断層撮影［Computed Tomography］のこと。
IADL	手段的日常生活動作［Instrumental Activities of Daily Living］。掃除・電話・車の運転など道具を使用して行う家事や、コミュニケーション、外出などのこと。
MRSA	メチシリン耐性黄色ブドウ球菌。化膿性炎や、腸炎（食中毒含む）など創傷感染、呼吸器感染、消化器感染の原因菌となる。
OT	作業療法士［Occupational Therapist］。
P	脈拍［Pulse］。
PT	理学療法士［Physical Therapist］。
QOL	生活・生命の質のこと。クオリティ・オブ・ライフ［Quality Of Life］。

あ

罨《あん》法《ぽう》	患部を冷やすか温めて、炎症や痛みをやわらげる方法。
移乗	ベッドから車いす、車いすからいすや便座へ乗り移ること。
異食（症）	食べ物以外のものを一定期間以上にわたりくり返し食べること。
胃《い》瘻《ろう》	口から安全に栄養をとることが困難になった場合に、腹部を切開して水分・栄養を胃に直接注入する方法。
腋《えき》窩《か》検温法	腋窩（わきの下）に体温計を入れて体温を測る方法。
壊《え》死《し》	身体の一部の細胞組織が死ぬこと。
エビデンス	証拠・根拠という意味。
嚥《えん》下《げ》	食べ物などを飲み込み胃の中へ送り込むこと。 ［関連語句］嚥下障害、嚥下食
円《えん》背《ぱい》	骨《こつ》粗《そ》鬆症《しょうしょう》による、多発性脊《せき》椎《つい》圧迫骨折などを原因に、脊椎が変形した状態。
悪《お》寒《かん》	ゾクゾクする寒気。
悪《お》心《しん》	吐き気。むかつき。

か

臥《が》位《い》	横たわった姿勢のこと。＝臥《が》床《しょう》（▶ P219）
疥《かい》癬《せん》	疥癬虫（ヒゼンダニ）の寄生により起こる感染症。

下《か》顎《がく》呼吸	首やあごの筋肉を使って行う異常な呼吸。呼吸困難時や、重症疾患の末期などに見られる。
喀《かく》痰《たん》	気道内の分泌物、痰、または痰を出すこと。
片マヒ	左右どちらかの手足の運動機能がマヒしていること。
緩《かん》下《げ》剤《ざい》	効き目がゆるやかな下剤。
患《かん》側《そく》	体の左右で、マヒなどがある側。
感染症	細菌、ウイルス、寄生虫など、病原微生物が体内に侵入し、増殖または活性化することで起こる疾患の総称。
緩和ケア	おもに末期のがん患者に対し、無理な延命は行わず、なるべく苦痛や死の恐怖を和らげ、自分らしく過ごしてもらうために行われるケア。
キーパーソン	利用者の家族・親族の中で中心となる支え手のこと。
起居動作	寝返り、起き上がり、座るなどの姿勢変換のための動作。
義《ぎ》歯《し》	入れ歯のこと。
ギャッチアップ	電動式ベッドの上半身にあたる部分を起こすこと。
挙《きょ》上《じょう》	手足をあげること。
禁《きん》忌《き》	してはいけないこと。禁じていること。
ケアカンファレンス	利用者の介護に関わる関係者が集まって開く会議。
健《けん》側《そく》	身体の左右で、マヒや拘縮などがない側。
誤飲	誤って飲み込むこと。
拘《こう》縮《しゅく》	関節の動きが悪くなり制限された状態。 ［関連語句］関節拘縮
誤《ご》嚥《えん》	食べ物などが気管や肺に入ること。 ［関連語句］誤嚥性肺炎
個浴	利用者が一人用の浴そうに一人で入ること。

● さ ●

座《ざ》位《い》	座った姿勢のこと（▶ P218）。 ［関連語句］座位保持
残《ざん》渣《さ》	口の中に残った食べ物のカスのこと。
残存機能	機能しない身体部分以外の、残された活用できる機能のこと。
自助具	障害がある人のために、日常生活の動作を自力で行えるように補助する器具。
失禁	意思に反した排泄（尿や便）。
失行	認知や運動機能に障害がないにもかかわらず、目的とする動作が行えなくなること。

自立支援	利用者がどのようにしたいと思っているかという主体性を重んじ、それを実現できるようにそばで援助すること。
褥瘡《じょくそう》	長時間の圧迫により体の一部の血液が途絶えて皮膚に障害が起きた状態。＝床ずれ
振戦《しんせん》	意思と無関係に、体の一部に細かいふるえが起こること。
ストーマ	人工肛門のこと。
清拭《せいしき》	入浴できない利用者の清潔を保つため、タオルなどで身体を拭《ふ》くこと。
全介助	生活のすべてを介助すること。 ［関連語句］一部介助、部分介助
喘鳴《ぜんめい》	ぜんそく発作時に起こる呼吸音。
側臥位《そくがい》	横向きに寝ている状態。（▶ P219）
そしゃく	食べ物をよくかみ砕くこと。

● た ●

体位変換	自力での寝返りが困難な利用者に対して、介助して寝ている姿勢を変えること。 ［関連語句］体位変換器
脱健着患	片マヒのある利用者が衣服を着脱する場合の原則（脱ぐときは健側から、着るときは患側から）。＝着患脱健
タッピング	指先で皮膚を軽くたたくこと。
中間浴	入浴用のリフトや車いすを使って座位の状態で入浴すること。
長座位	両足を前に伸ばした状態で座る姿勢。（▶ P219）
摘便《てきべん》	肛門から指などを入れ、便を摘出する医療行為。
疼痛《とうつう》	痛みのこと。
ドライシャンプー	水を使わずに洗髪する方法。
トランスファー	移乗動作。
頓服《とんぷく》	発熱や痛みなどの症状が現れたときに処方される薬。

● な ●

ニーズ	生活課題。利用者が自立生活を営むうえで生じる課題。
日内変動	症状が１日の中で変化すること。精神疾患や自律神経障害などで見られる。
認知症	一度獲得した知的機能が大脳の障害により低下し、日常生活に支障が生じる状態をいう。
ネグレクト	介護放棄。
熱中症	日射病や熱射病のこと。暑熱環境において発汗機能や循環器機能に異常が起こる状態をいう。

脳卒中	脳血管に起こる障害のこと。脳血栓や脳塞栓《そくせん》などの「脳梗《こう》塞《そく》」と、脳内出血やくも膜下出血などの「脳出血」がある。
ノーマライゼーション	障害の有無にかかわらず、だれもが区別なく通常の生活ができる社会があるべき姿であるという考え。

● は ●

バイタルサイン	生命徴候のこと。一般に呼吸・脈拍・血圧・体温の4つを指標とする。意識レベルを含むこともある。
廃用《はいよう》症候群	長期間の安静などにより心身の機能を使わなかったために、身体や精神の機能が低下した状態。
跛行《はこう》	足を引きずりながら歩くこと。
半座位《はんざい》	上半身を約45度起こして座った姿勢。（▶ P218）
びらん	皮膚や粘膜のただれ。
ファンレストテーブル	前傾姿勢を支持するためにトイレに設置するテーブル。
不穏《ふおん》	周囲への警戒心が強く、大きな声で叫んだりする状態。
浮腫《ふしゅ》	むくみ。
不随意運動	意思とは関係なく、筋肉が動くこと。
不定愁訴	原因となる病気が見つからない体調不良。頭が重い、イライラするなど。
部分浴	手や足など身体の一部分の入浴。 ［関連語句］手浴、足浴
発作	突然、急激に病気の症状が現れること。
発疹《ほっしん》	皮膚や粘膜にできる小さな吹き出物状の病的変化。
発赤《ほっせき》	皮膚や粘膜が赤くなること。

● ま・や・ら・わ ●

予後	病状の医学的な見込み。
四点杖	杖の先が4点に分岐している杖。（▶ P221）
ラポール	福祉現場における利用者と支援者の信頼関係のこと。＝ラポート
離床	ベッドの上の生活から離れ、座位・立位などをとり日常生活を行うこと。
流涎《りゅうせん》	よだれを流すこと。
リロケーションダメージ	急激な環境の変化による心理的な不安などから、認知症などが生じる現象。
良肢位	関節が動きにくくなった場合でも、日常生活動作で最も支障が少ない肢位のこと。＝機能的肢位
弄便《ろうべん》	認知症で見られる症状のひとつで、排泄物をもてあそぶこと。
老老介護	高齢者が高齢者の介護をすること。

体の部位の名称

前面

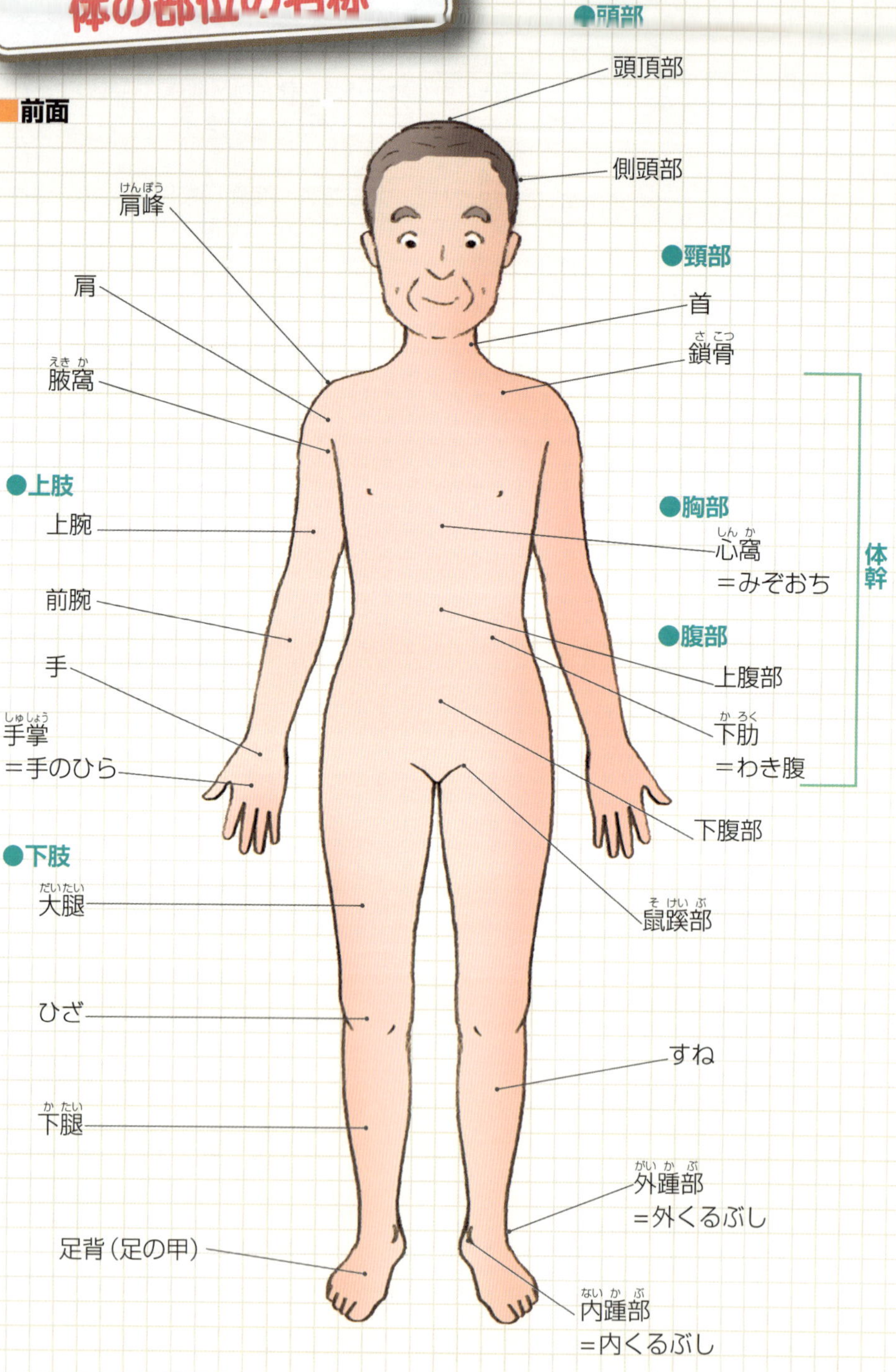

●頭部
頭頂部
側頭部
肩峰《けんぽう》
●頸部
肩
首
鎖骨《さこつ》
腋窩《えきか》
●上肢
上腕
●胸部
心窩《しんか》
=みぞおち
体幹
前腕
●腹部
手
上腹部
手掌《しゅしょう》
下肋《かろく》
=手のひら
=わき腹
下腹部
●下肢
大腿《だいたい》
鼠蹊部《そけいぶ》
ひざ
すね
下腿《かたい》
外踝部《がいかぶ》
=外くるぶし
足背（足の甲）
内踝部《ないかぶ》
=内くるぶし

■背面

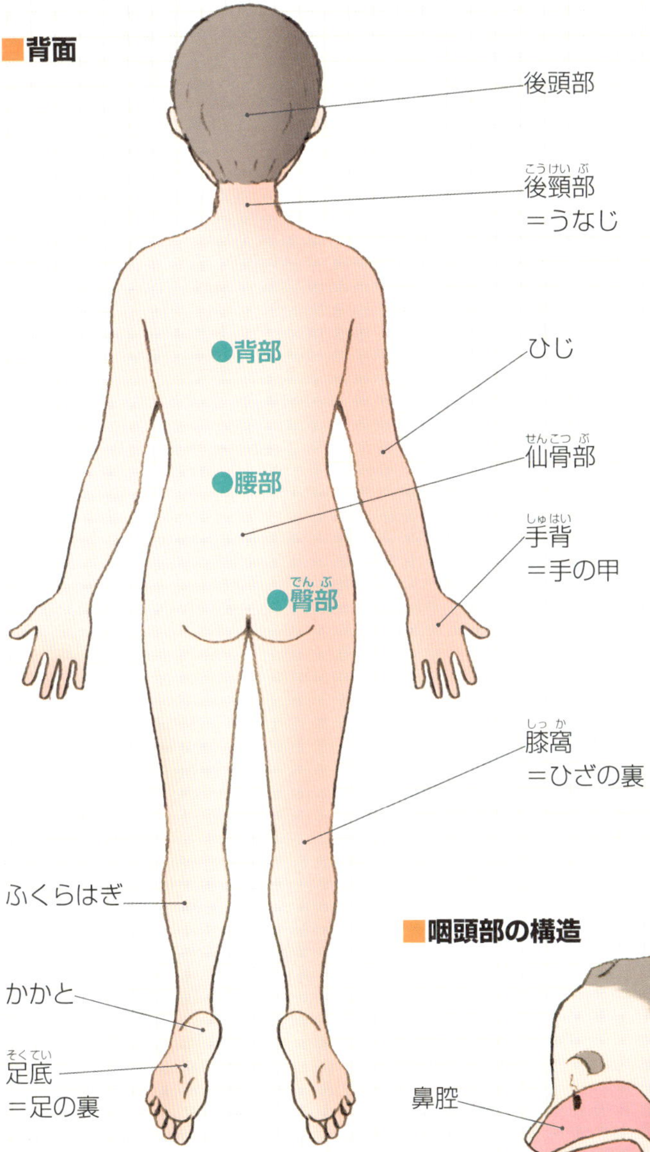
後頭部
後頸部《こうけいぶ》
＝うなじ
●背部
ひじ
●腰部
仙骨部《せんこつぶ》
手背《しゅはい》
＝手の甲
●臀部《でんぶ》
膝窩《しっか》
＝ひざの裏
ふくらはぎ
かかと
足底《そくてい》
＝足の裏

■咽頭部の構造

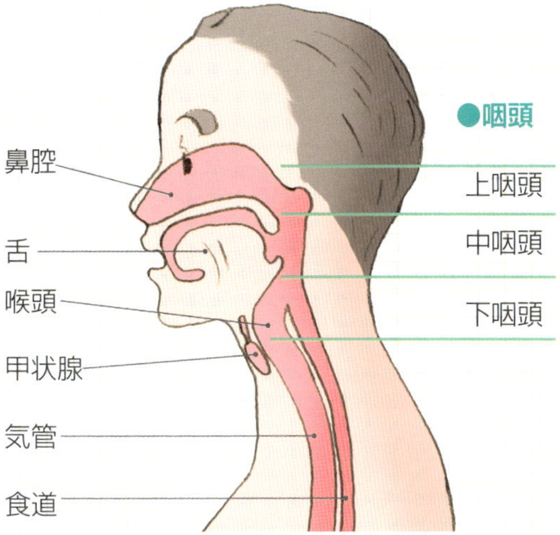
●咽頭
鼻腔
上咽頭
舌
中咽頭
喉頭
下咽頭
甲状腺
気管
食道

姿勢・肢位の名称

●立位《りつい》

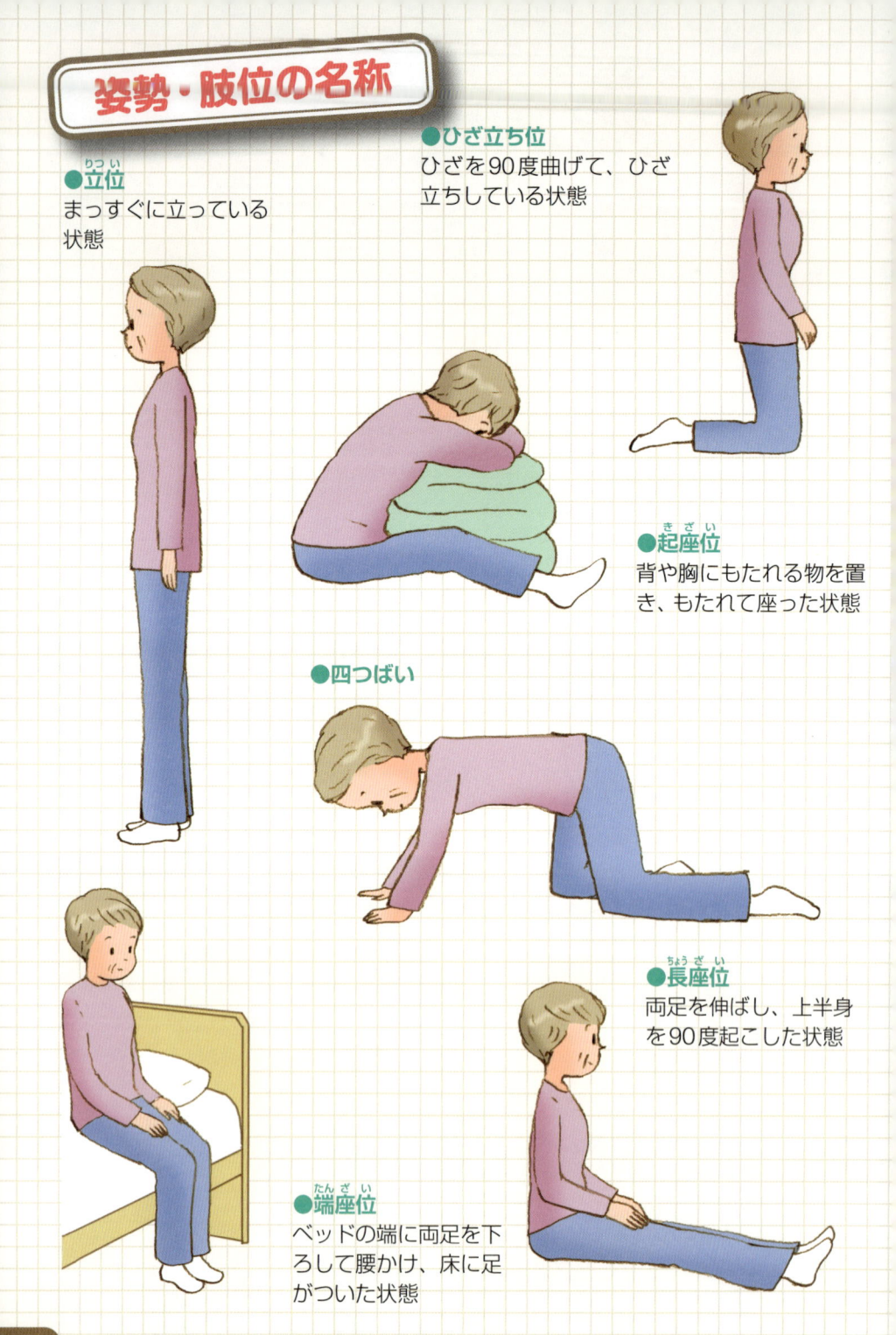

まっすぐに立っている状態

●ひざ立ち位

ひざを90度曲げて、ひざ立ちしている状態

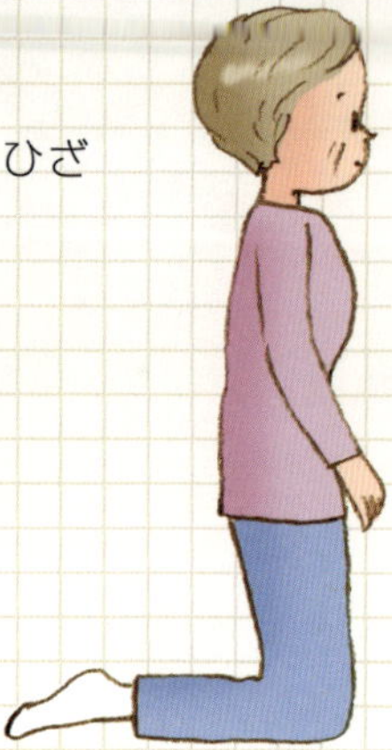

●起座位《きざい》

背や胸にもたれる物を置き、もたれて座った状態

●四つばい

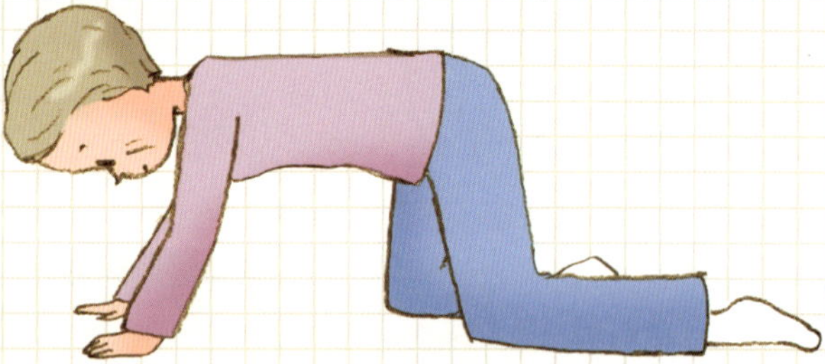

●長座位《ちょうざい》

両足を伸ばし、上半身を90度起こした状態

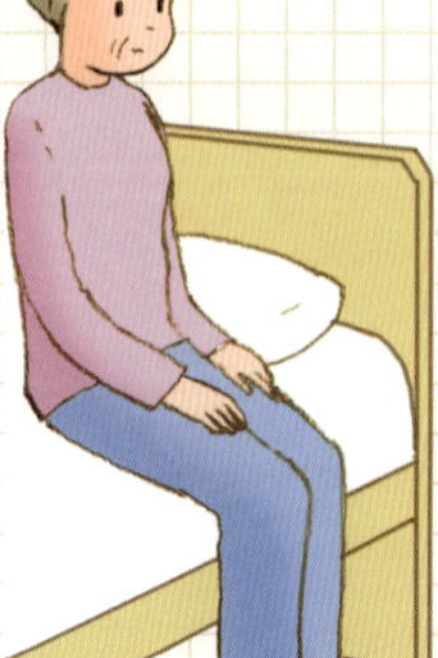

●端座位《たんざい》

ベッドの端に両足を下ろして腰かけ、床に足がついた状態

●半座位《はんざい》＝
ファーラー位（ファウラー）
上半身を45度起こした状態

●仰臥位《ぎょうがい》＝背臥位《はいがい》
仰向けで横になっている状態

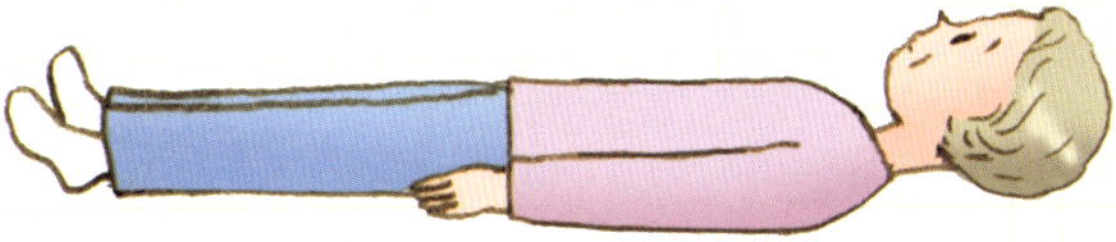

●腹臥位《ふくがい》
うつ伏せになっている状態

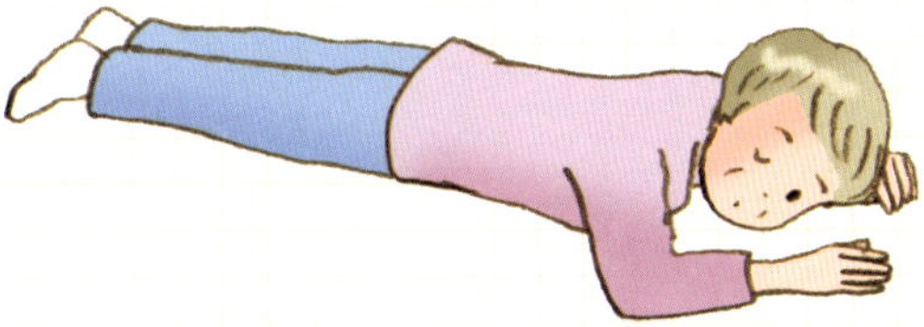

●側臥位《そくがい》＝横臥位《おうがい》
横向きに寝ている状態

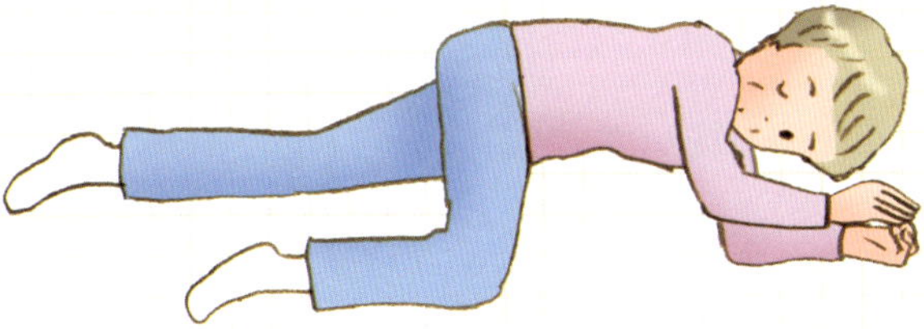

●足側高位《あしがわこうい》
仰向けで足を高くした状態

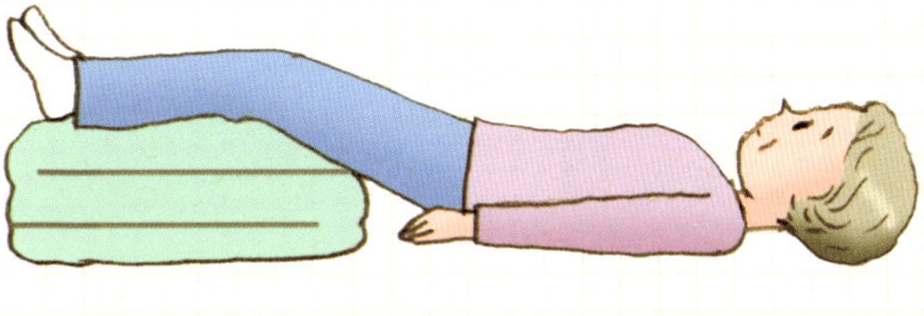

●シムス位
うつ伏せと横向きの
中間の状態

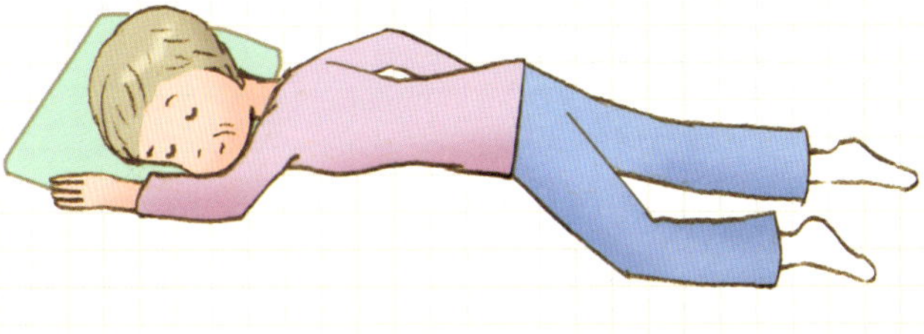

介護用品の名称

車いす各部の名称

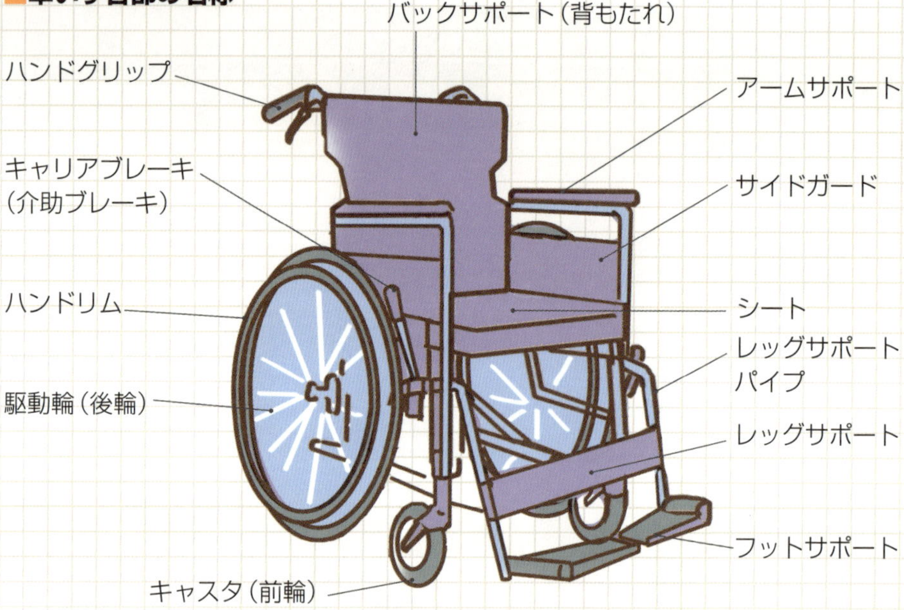

バックサポート（背もたれ）
ハンドグリップ
アームサポート
キャリアブレーキ
（介助ブレーキ）
サイドガード
ハンドリム
シート
レッグサポート
パイプ
駆動輪（後輪）
レッグサポート
フットサポート
キャスタ（前輪）

ギャッチベッド（特殊寝台）各部の名称

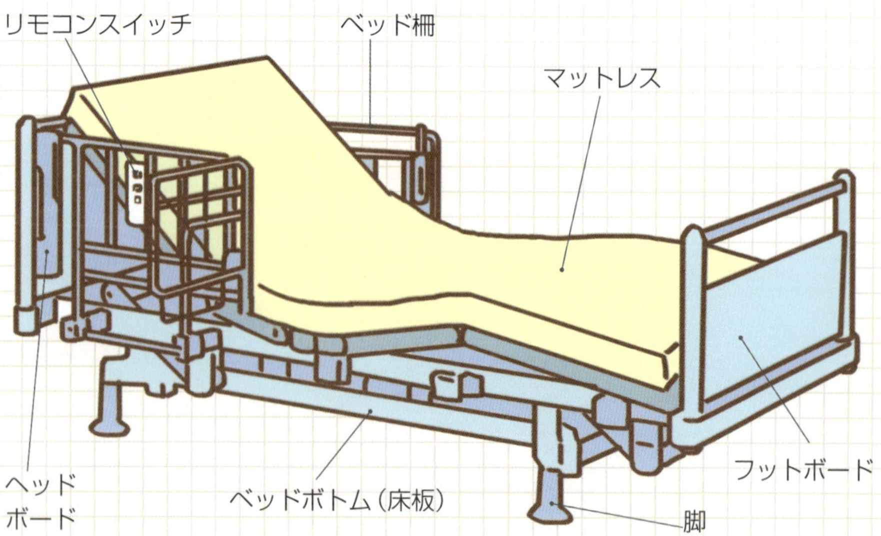

リモコンスイッチ
ベッド柵
マットレス
ヘッド
ボード
ベッドボトム（床板）
フットボード
脚

杖の種類

●T字杖

歩行が比較的安定した人向きの杖。軽量で持ち運びしやすく、折りたたみ式のものもある

●ロフストランド杖

手で握る部分の上部に腕を支えるための「カフ」と呼ばれるサポート機構がとりつけてある杖。T字型杖より安定した歩行を補助できる

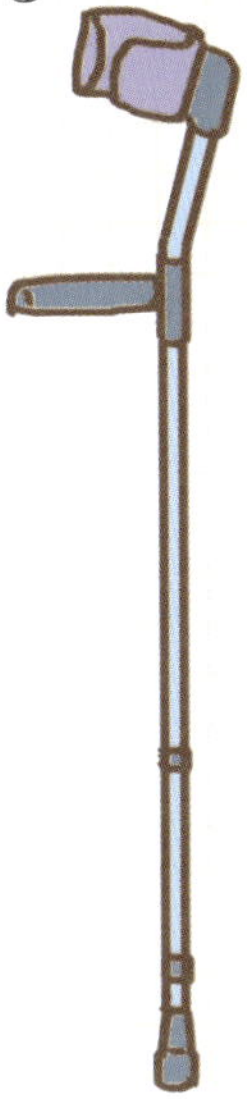

●多脚杖（多点杖）

歩行が不安定な人向きに支点を多くした杖

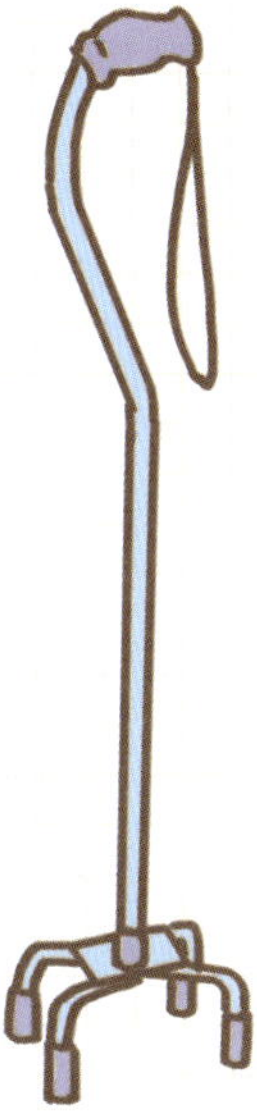

歩行器の種類

●固定歩行器

四脚のフレーム構造でできている歩行補助具。杖に比べて安定性が高く、体が不安定な人でも立位が保持しやすい

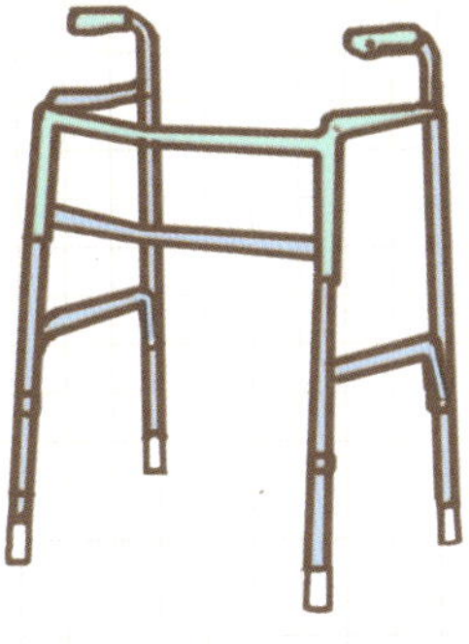

●ひじ当て付き四輪歩行車

固定歩行器の四脚にキャスターがついたもの。歩行に不安のある人の歩行を補助する

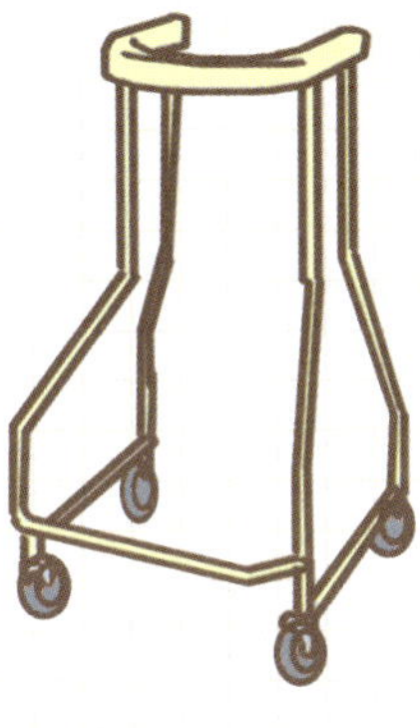

●いす付き歩行車（シルバーカー）

自立歩行ができる人向けの歩行車。軽く押しながら歩行することができる。手動ブレーキでスピードも調節できる

誤嚥の応急処置法

●背《はい》部《ぶ》叩《こう》打《だ》法《ほう》（背中を叩く方法）

■立っているか、座っている場合

利用者を頭が低くなるようにうつむきにさせて、胸を手で支えながら、もういっぽうの手の付け根で、左右の肩甲骨の間を４～５回すばやく叩く。

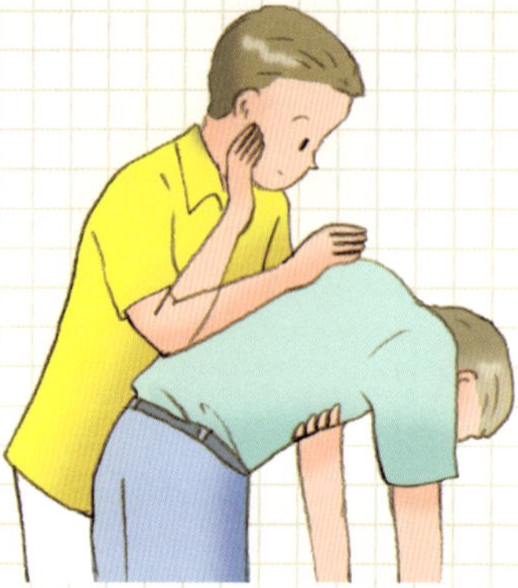

■寝ている場合

利用者を横向きにして、自分はひざまずく。利用者の胸を自分の太ももで支え、手で顔を支えながら、もういっぽうの手の付け根で左右の肩甲骨の間を４～５回すばやく叩く。

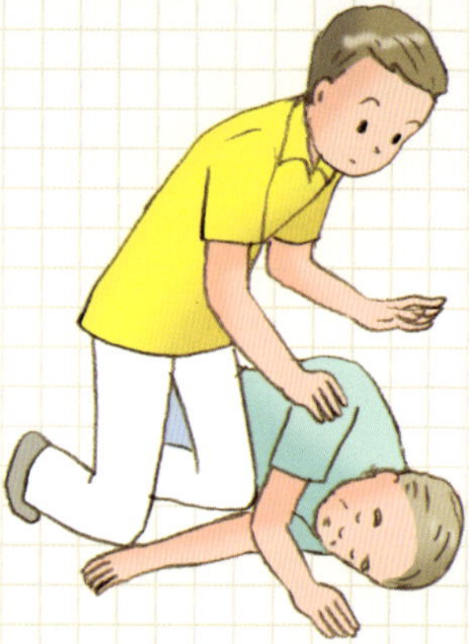

●ハイムリック法（上腹部）

❶利用者を立たせるか、座らせる。背部、両わきから両手で抱きかかえ、体を密着させる。

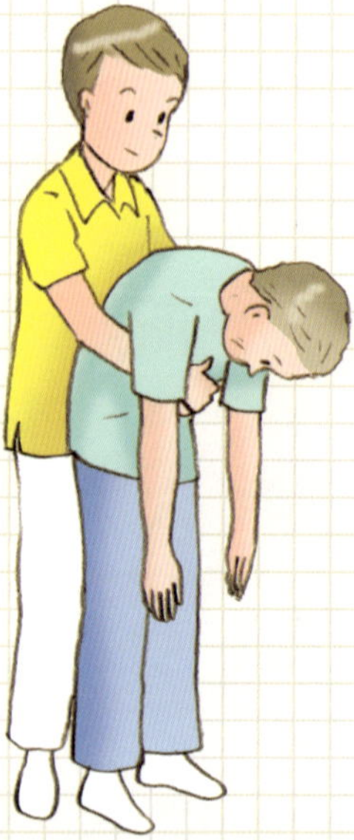

❷上腹部（へその上、みぞおちより下）に握りこぶしをあてる。

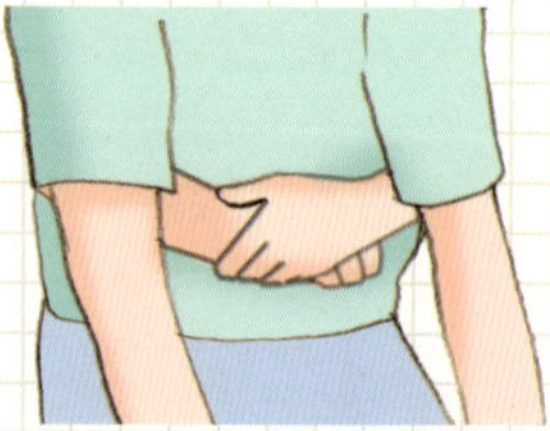

❸もういっぽうの手でその握りこぶしを上から握り、一気に手前上方に思いきり突き上げる。

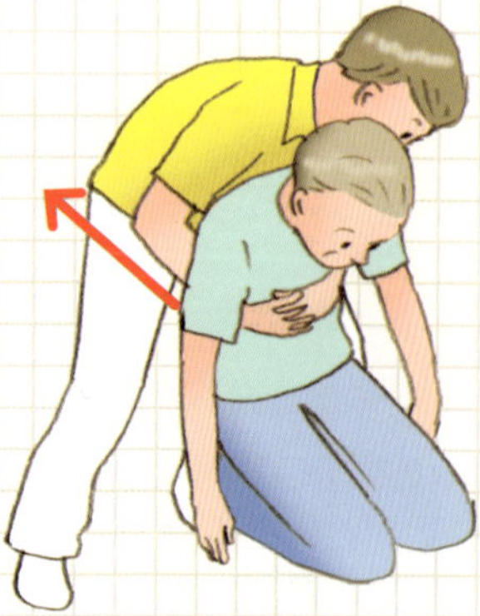

＊ハイムリック法を行ったあとは、必ず医療機関を受診し、ハイムリック法を行ったことを伝える。

歩行介助法

●杖なし歩行介助

■手つなぎ歩行

❶利用者のひじを下から支え、自分の腕をつかんでもらう。

❷患側の足が前に出るよう、同じ側の自分の足を引く。

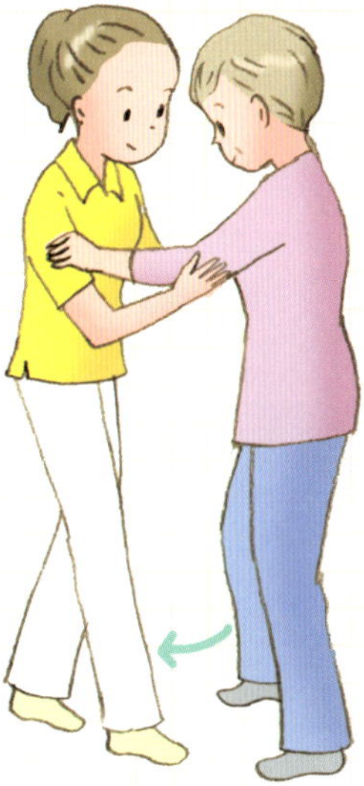

■肩抱き歩行

❶利用者に自分の肩につかまってもらう。自分は利用者のわきの下を支える。

❷歩行の順序は「手つなぎ歩行」と同様、利用者の出す足の側の自分の足を引く。

●杖歩行介助

❶患側に立ち、利用者の手を軽く握り、もういっぽうの手でわきを支える。

❷利用者が出したほうと同じ足を自分も出す。同じ歩幅で歩き、重心移動を助けるために踏み出した足のほうに少し体を揺らしてあげる。

●監修者紹介　梅沢 佳裕

［うめざわ よしひろ］

「福祉と介護研究所」代表。1968年生まれ。岩手県盛岡市出身。東北福祉大学社会福祉学部卒業、日本福祉大学大学院社会福祉学専攻修了、社会福祉学修士。介護専門学校の助教員を経たのち、特別養護老人ホームや在宅介護支援センターの相談員を歴任し、デイサービスやグループホームの立ち上げに関わり、自らも管理者となる。その後、「福祉と介護研究所」を設立。全国に出張し、介護士・相談員・ケアマネジャー向けスキルアップ研修など多数の講演活動を行っている。社会福祉士、介護支援専門員、福祉住環境コーディネーター2級。

●イラスト ——— 小林裕美子　浅羽ピピ
●デザイン ——— 橘 奈緒
● DTP ——— 株式会社文研ユニオン
●執筆協力 ——— 荒木久恵
●編集協力 ——— 株式会社文研ユニオン

●参考文献 ——— 『施設職員のための介護記録の書き方』梅沢佳裕著（雲母書房）
『施設職員のための介護記録の書き方 ステップアップ編』梅沢佳裕著（雲母書房）
『生活リハビリ式記録のススメ』梅沢佳裕・東田 勉著（筒井書房）
『隔月刊 通所介護＆リハ』（日総研出版）
『おはよう21』（中央法規出版）

カラー版《ばん》　そのまま使《つか》える！
介護記録《かいごきろく》の書《か》き方《かた》＆文例集《ぶんれいしゅう》

●監修者 ——— 梅沢 佳裕
●発行者 ——— 若松 和紀
●発行所 ——— 株式会社西東社《せいとうしゃ》
〒113-0034 東京都文京区湯島2-3-13
電話　03-5800-3120（代）
URL　https://www.seitosha.co.jp/

ISBN978-4-7916-2171-2